Oliver Gierens

Grüne Glücksorte in München

Geh raus und blüh auf

Droste Verlag

Dieses Buch gehört

....

....

....

Liebe Glücksuchende,

Als ich die 80 Kapitel dieses Buches zusammenhatte, stellte sich bei mir ein Glücksgefühl ein. Nicht nur, weil ich nach gut anderthalb Jahren am Ziel war, sondern auch, weil ich München und das Umland völlig neu kennengelernt habe. Bis dahin hatte ich mich privat – und das geht vermutlich vielen Großstadtbewohnern so – vor allem in meinem Wohnumfeld bewegt. Die Berliner nennen es ihren „Kiez", die Kölner „Veedel". In München hat man kein entsprechendes Wort dafür. Durch die Arbeit an diesem Buch war ich gezwungen, mein gewohntes Umfeld zu verlassen. Und was habe ich alles entdeckt! Idyllische Badeseen, wo ich mir am liebsten gleich die Kleider vom Leib gerissen hätte und eingetaucht wäre. Gemütliche Parks und Wiesen oder kleine Flüsschen, die sich durch die grüne Landschaft schlängeln. Mitten in der Stadt findet man noch einen Bauernhof und kommt sich vor wie auf dem Dorf. Es gibt Heidelandschaften, die so einsam sind, dass man die Großstadt ringsum vergisst. Früher habe ich mich oft in den überfüllten Zug Richtung Berge gesetzt, stundenlang in der „Sardinenbüchse" gehockt. Doch das muss gar nicht sein! In München und Umgebung gibt es so viele grüne Orte zu entdecken, dass dieses Buch nur eine kleine Auswahl bieten kann. Ich hoffe, Sie finden hier gute Anregungen für den Sonntagsausflug. Als passionierter Wanderer weiß ich, dass sich beim Laufen das Glück meist ganz von selbst einstellt. Oder, wie es der Schriftsteller Leo Tolstoi ausgedrückt hat: „Das Glück ist mit Müdigkeit und Muskelkater billig erkauft."

Ihr Oliver Gierens

Deine Glücksorte ...

... noch mehr Glück für dich

Spaziergang mit Literaten

 Der Dichtergarten hinter dem Hofgarten

Die meisten Münchner und Touristen kennen den Hofgarten hinter der Residenz am Odeonsplatz. Die barocke Parkanlage mit ihrer strengen Gliederung zieht jedes Jahr zahlreiche Besucher an. Doch wer es ruhiger, natürlicher und bewaldeter mag, braucht nur ein paar Schritte Richtung Englischer Garten zu gehen. Auf der linken Seite liegt der etwas abgeschiedene und weniger bekannte Dichtergarten. Seinen Namen trägt er erst seit einigen Jahren, vorher war er vor allem als „Finanzgarten" bekannt. Den Titel bekam der kleine Park durch das benachbarte Prinz-Carl-Palais, das Anfang des 20. Jahrhunderts zunächst vom bayerischen Finanzminister, dann vom Obersten Rechnungshof genutzt wurde. Obwohl der heutige Dichtergarten bereits um 1665 nach der Schleifung der Stadtmauern entstand, durfte die Öffentlichkeit erst ab 1984 das Gelände für sich entdecken. Immer wieder war das Grundstück sehr begehrt, unter anderem als Standort für die neue Staatskanzlei. Doch die Bürger machten Druck – und sie hatten Erfolg. Der Finanzgarten wurde für Besucher geöffnet und erhielt zugleich eine neue Bestimmung. Nach

TIPP Südlich des Parks liegt in den Arkaden das Deutsche Theatermuseum mit wechselnden Ausstellungen.

und nach wurden hier Denkmäler und Skulpturen für Dichter und Künstler errichtet, die mit der Stadt München in Verbindung stehen, unter anderem für Fjodor Iwanowitsch Tjuttschew. Seit Juli 2007, zur Feier des 20-jährigen Jubiläums der Partnerschaft des Freistaats Bayern mit dem chinesischen Shandong, thront der Philosoph Konfuzius auf einem Marmorsockel. 2010 wurde eine Statue des polnischen Komponisten Frédéric Chopin enthüllt. Für Heinrich Heine, der ab 1827 für ein Jahr in München lebte und sich ohne Erfolg um eine Professur bewarb, gibt es sogar eine Grotte. In ihr sitzt eine Bronzeplastik von Toni Stadler an einem kleinen Brunnen. Wer also den kleinen, aber feinen Park durchquert, wird immer wieder einem berühmten Literaten begegnen. Auch landschaftlich lohnt sich der Besuch: Der dichte Baumbestand und die sanften Hügel verleihen ihm ein ganz besonderes, fast romantisches Flair.

○ Dichtergarten, Eingang über den Hofgarten der Residenz, 80539 München
○ ÖPNV: U3, U4, U5, U6, Haltestelle Odeonsplatz

孔 子
Konfuzius
(551-479 v.Chr.)

中国 山东省人民政府 赠送
Geschenkt von der Provinz Shandong/VR China

Mühle am rauschenden Bach

2 *Der Biergarten Inselmühle in Untermenzing*

„Es klappert die Mühle am rauschenden Bach" – so beginnt ein altes Kinderlied, das eine ganz besondere Idylle ausdrückt. Im Biergarten Inselmühle direkt an der Würm, einem wunderschönen kleinen Fluss im Westen Münchens und einiger Vororte, lässt sich diese spezielle Stimmung bis heute erleben. Zwar ist die Mühle schon seit rund 100 Jahren nicht mehr in Betrieb, aber der Gasthof existiert weiter. Bis ins Jahr 1445 lässt sich seine Geschichte zurückverfolgen – das schaffen nur ganz wenige. Besonders der Biergarten erfreut sich bis heute großer Beliebtheit, liegt er doch unmittelbar am Ufer der Würm, umgeben von großen Kastanienbäumen. Die spenden im Sommer nicht nur den ersehnten Schatten, sie schirmen den Garten auch von der Straße ab. Bis zu 600 Personen finden an den typischen Biergartentischen Platz – und diese Plätze sind in der warmen Jahreszeit auch heiß begehrt. Ganz entspannt lassen sich hier das Wochenende oder der Feierabend genießen. Und ganz nach alter bayerischer Biergartentradition dürfen sogar mitgebrachte Speisen hier verzehrt werden. Allerdings ist auch die Speisekarte der „Inselmühle"

TIPP *Zur Inselmühle gehört neben dem Biergarten auch ein rustikales Restaurant mit Bar und Hotel.* sehr zu empfehlen. Und dazu gibt es – wie sollte es auch sonst sein – das Bier von Münchens ältester Brauerei. Die „Inselmühle" ist durch ihre Lage direkt an der Würm gut angebunden an ein weitverzweigtes Wander- und Radwegenetz. Sie lässt sich somit bestens in einen ausgiebigen Sonntagsausflug einbinden. Ein Biergarten in schöner Natur und dazu noch gut erreichbar – die Gäste honorieren das immer wieder. Zuletzt haben Tausende Hörer eines Münchner Lokalsenders die „Inselmühle" zum schönsten Biergarten der Landeshauptstadt erkoren. Wen wundert's? Wer sich seit fast sechs Jahrhunderten am Markt halten kann, muss ja etwas Besonderes zu bieten haben. Die wunderbare Natur ringsum trägt sicher ganz stark dazu bei.

▶ **Biergarten Inselmühle, Von-Kahr-Straße 87, 80999 München, Stadtteil Untermenzing**
www.inselmuehle-muenchen.com
▶ **ÖPNV: Bus 164, 165, Haltestelle Von-Kahr-Straße**

Damit alles fließt

③ *Der Rastplatz am früheren Unterföhringer Wehr*

Das Rauschen des Wassers übt auf die Menschen seit jeher eine besondere Anziehungskraft aus. Die frische Brise, die einem direkt am Fluss um die Nase weht, das Geräusch des dahinfließenden Wassers, die üppig begrünten Ufer – all das lässt uns zur Ruhe kommen und die Hektik des Alltags vergessen. „Damit alles fließt" ist ein Ort im Münchner Norden, an dem sich die Isar besonders intensiv erleben lässt. Bis 2009 stand hier das Unterföhringer Wehr, und das Wasser donnerte drei Meter in die Tiefe. Weil das für viele Fische ein unüberwindliches Hindernis war, wurde es abgerissen und durch eine naturnahe „raue Sohlrampe" ersetzt. Nur ein paar Steine im Flussbett bremsen das Wasser ab und lassen auch die Fische wieder ungehindert aufsteigen. Durch das sanfte Gefälle entsteht ein harmonisches, gedämpftes Wasserrauschen. Es ist schon von Weitem zu hören und verströmt gleich ein beruhigendes, wohliges Gefühl von Harmonie und Entspannung. Am Rastplatz liegen Baumstämme direkt am Ufer, auf denen sich Wanderer und Radfahrer ausruhen können. Wer hier Platz nimmt, auf die Isar blickt und dem Rauschen des Wassers zuhört, bei dem beginnen bald auch die Gedanken zu „fließen". Einfach die Seele baumeln lassen und die Kraft der Natur spüren, dafür ist dieser Platz genau richtig. Dass nur ein paar Hundert Meter weiter der Münchner Autobahnring die Isar überquert, vergisst man schnell. Wer sich über die Geschichte dieses Ortes näher informieren will, findet am Ufer einen Isarwächter aus Stahl mit einer Infotafel. Von Oberföhring bis Moosburg stehen insgesamt neun dieser stählernen Flusswächter, die uns von der Geschichte der Mittleren Isar erzählen. Dieser Flussabschnitt ist nicht nur besonders schön, sondern auch wilder als im Süden. Der Entspannung tut das keinen Abbruch. Wer hier relaxen will, kann sich einfach an das flache Flussufer setzen, das hier weit in den Fluss hineinragt. So lässt sich das Wasser besonders deutlich spüren, damit auch in uns bald „alles fließt".

TIPP In der Nähe liegt der Aussichtspunkt am Poschinger Weiher - mit einem tollen Blick bis in die Alpen.

● „Damit alles fließt", nördlich der Isarbrücke nach Unterföhring, 80939 München, Stadtteil Fröttmaning
www.wwa-m.bayern.de/fluesse_seen/massnahmen/gek_mittlere_isar
● ÖPNV: Bus 181, Haltestelle Wallnerstraße

Badespaß dank Autobahn

4 *Die Langwieder Seenplatte*

Vor allem der Autobahn ist es zu verdanken, dass am westlichen Stadtrand von München ein Wasserparadies mit drei Seen entstanden ist. Der älteste von ihnen, der Langwieder See, blieb in den 1930er-Jahren nach dem Kiesaushub für die Autobahn nach Stuttgart übrig. Als in den 1990er-Jahren die Eschenrieder Spange als Querverbindung zur A99 entstand, mussten wiederum Tonnen von Kies ausgehoben werden – und mit dem Lußsee entstand ein weiterer See in unmittelbarer Nähe. Das dritte Gewässer, der Birkensee, verdankt seine Existenz dem Bau einer Bahnlinie in den 1930er-Jahren, für die ebenfalls Unmengen an Kies ausgehoben wurden. Damit sind die Langwieder Seen wohl die einzigen weit und breit mit direktem Autobahnanschluss. Unmittelbar hinter der Anschlussstelle München-Langwied am Ende der A8 liegt der Parkplatz, der allerdings zu den Stoßzeiten hoffnungslos überfüllt ist. Die Anreise per Rad empfiehlt sich da schon eher. Vom Autolärm ist an den Seen nichts zu hören – dem natürlichen Schallschutz sei Dank. Und an den drei Badeseen findet so ziemlich jeder, was er braucht. Der Langwieder See bietet vor allem viel Action – mit Volleyball- und Fußballfeldern, einem Bootsverleih, einer Minigolfanlage und Grillplätzen zieht er vor allem junge Leute an. Wer es etwas ruhiger und familiärer mag, für den ist eher der Lußsee das Richtige. Im flachen Wasser können sich Kinder nach Herzenslust austoben und ihre ersten Schwimmversuche unternehmen. Das kühle und klare Nass erfrischt aber auch zahlreiche Erwachsene. Der Lußsee gilt als einer der saubersten Badeseen in München. Er ist eher etwas für Ruhesuchende, die den Badetag gemütlich angehen lassen. Die zahlreichen Liegeplätze laden dazu ein, Handtuch oder Luftmatratze auszupacken und den Alltagsstress mal loszulassen. Etwas abgelegen liegt der „kleine Bruder", der Birkensee. Der See und die Liegewiesen sind komplett als FKK-Gelände ausgewiesen.

TIPP Am Langwieder See gibt es gegenüber dem großen Parkplatz ein gemütliches Restaurant mit Biergarten.

Langwieder Seenplatte, 81249 München, Stadtteil Langwied, Parkplätze an der Autobahnausfahrt Langwied oder an der Goteboldstraße

ÖPNV: In den Sommermonaten fährt ein Badebus. Infos unter www.badebus.com

Grüne Lunge in der Stadt

5 *Die Angerlohe in Untermenzing*

Vom einstigen Lohwaldgürtel nördlich von München sind heute nur noch Restbestände übrig geblieben. Der mit 40 Hektar größte unter ihnen liegt im Nordwesten zwischen den Stadtteilen Untermenzing und Allach. Die Angerlohe ist – typisch für Lohwälder – eine Mischung aus dicht bewaldeten und freien Flächen. Früher wurde hier Brennholz gewonnen, doch von diesen Lichtungen sind nur wenige übrig geblieben. Dennoch sind kleinere lichte Stellen erhalten, die für Pflanzenkundler interessant sind. Auch kleine Weiher gibt es hier. Das macht die Angerlohe zu einem abwechslungsreichen Naherholungsgebiet für Mensch und Tier. In der üppigen Vegetation gedeihen seltene Pflanzenarten wie Frühlingsknotenblume, Türkenbund, Aronstab sowie Gelbes und Weißes Buschwindröschen. In den Wäldern sind unter anderem der Turmfalke und der Waldkauz zu Hause. Nicht nur deswegen steht die gesamte Angerlohe unter strengem Landschaftsschutz. Besucher können hier eine weitgehend unberührte Natur genießen. Totholz wird beispielsweise nicht entfernt, und hier und da müssen sich Spaziergänger durch ein wenig Dickicht hindurchschlängeln. Aber der Besuch lohnt sich: Insbesondere in der Heidelandschaft erlebt man die Weite und Einfachheit der Natur. Kein aufwendig gestalteter Park, keine exakt gemähte Wiese, sondern einfach ein Stück Wildwuchs, allenfalls mit moderaten Eingriffen, das einen die Ursprünglichkeit dieses Waldgebiets erleben lässt. Hier wird man geerdet, hier kann man in der Stille der Natur wieder durchatmen und dem hektischen Leben der Großstadt ein Stück entfliehen. Immer wieder trifft man auf Hunde, die sich hier ebenfalls nach Herzenslust tummeln und mal richtig austoben können. Die Angerlohe liegt etwas abgelegen am Rande eines Wohngebiets. Damit ist sie ein Stück entfernt von den Hauptverkehrsachsen – was die Umgebung noch mehr zu einem Wohlfühlort der Ruhe, zu einer Naturoase am Rande der Metropole werden lässt.

TIPP Ganz in der Nähe liegt der Grandl-Hof – ein Bauernhof unter anderem mit Blumen zum Selberpflücken.

⊙ Angerlohe, Angerlohstraße, 80997 München, Stadtteil Allach/Untermenzing
⊙ ÖPNV: Bus 163, Haltestelle Angerlohstraße (Verbindung zum S-Bahnhof Allach)

Unter Wipfeln ist Ruh'

6 Der Alte Nordfriedhof in der Maxvorstadt

Wo findet sich ein Ort mitten in der Stadt, auf dem wirklich Ruhe herrscht? Da muss man schon auf den Friedhof gehen. Der „alte nördliche Friedhof", oder landläufig Alter Nordfriedhof, ist so eine Oase der Ruhe. Natürlich ist ein Friedhof keine Freizeitanlage. Bestimmte Tätigkeiten wie Grillen, Ballspielen oder Ähnliches sind hier aus Gründen der Pietät nicht möglich. Aber gegen einen Spaziergang unter den mächtigen alten Bäumen oder eine ruhige Minute auf der Parkbank ist nichts einzuwenden. Sogar Jogger und Radfahrer werden auf dem Friedhof geduldet, solange sie sich angemessen verhalten. Inzwischen haben viele Münchner den Alten Nordfriedhof für sich entdeckt. Nicht weit entfernt von der Universität, den Pinakotheken und dem Künstlerviertel Schwabing lassen sich hier die Mittagspause oder der Feierabend in der Sonne oder, je nach Jahreszeit, im bunten Leuchten der herbstlichen Bäume genießen. Nicht mal eine Beerdigung könnte die Idylle stören, denn seit den letzten Kriegsjahren findet hier niemand mehr seine letzte Ruhe. Von den über 7000 Gräbern ist noch ein gutes Zehntel übrig geblieben, und von den ursprünglich 30

TIPP **Ganz in der Nähe liegt das Studio Isabella, ein Filmkunstkino abseits des Mainstreams.**

Arkadengrüften, die einst die westliche Mauer hin zur Tengstraße zierten, wurde nach dem Krieg nur rund die Hälfte wieder aufgebaut. Wo einst die Aussegnungshalle stand, ist heute ein Kinderspielplatz, der vom restlichen Friedhof abgetrennt ist. Hier gibt es neben Ballspielplätzen auch ein Feld für Bodenschach. So ist die ab 1868 erbaute Anlage ein Abbild des typischen Münchner Lebensgefühls. Tote und Lebende finden hier in der Regel zu einem harmonischen Miteinander, zumal der Alte Nordfriedhof eine der wenigen Grünflächen in der Maxvorstadt ist. Und das große Kreuz in der Mitte erinnert daran, dass alles Leben vergänglich ist. Im Schatten der historischen Grabsteine und der großen alten Bäume ist der Friedhof der richtige Ort, um darüber einmal vertieft nachzudenken. Oder einfach um seine Freizeit zu genießen.

▶ Alter Nordfriedhof, Arcisstraße 45, 80799 München, Stadtteil Maxvorstadt
▶ ÖPNV: U2, Haltestelle Josephsplatz

Auf dem Rücken der Pferde

7 *Die Galopprennbahn in Riem*

„Auf dem Rücken der Pferde liegt das Glück der Erde", so sagt ein Sprichwort. Ob man nun Pferdeliebhaber ist oder nicht – ein Besuch der Galopprennbahn im Münchner Stadtteil Riem lohnt sich schon wegen der weitläufigen und topgepflegten Anlage. Sie ist mit rund 100 Hektar Fläche eine der größten in Deutschland – allein die beiden geraden Bahnen sind jeweils einen Kilometer lang. Selbst wenn keine Rennen stattfinden, ist die Rennbahn meistens zugänglich – die Tribüne steht offen und bietet in den oberen Reihen einen beeindruckenden Rundblick über die gesamte Anlage. Auch unten, direkt an der Bahn, laden Sitzbänke zum Verweilen und Genießen ein. Schon der weite, unverstellte Blick über eine der bedeutendsten Galopprennbahnen in Deutschland lässt einen zur Ruhe kommen. Für die kleinen Besucher gibt es zudem Angebote zum Ponyreiten und einen Kinderspielplatz. Wer es lieber lebhaft mag, dem sei ein Besuch an Renntagen empfohlen. Besondere Höhepunkte sind die beiden Gruppe-1-Rennen, der „Große Dallmayr-Preis" im Sommer und der „Große Preis von Bayern", der im November stattfindet. Entgegen der landläufigen Meinung gibt es in Riem keinen Dresscode. Niemand muss sich „Aufbrezeln" wie beim königlichen Pferderennen in Ascot, wo die ausgefallensten Hüte zur Schau getragen werden. Hier gilt: Jeder so, wie er es mag. Einfachheit und Schlichtheit sind in Riem auch an Renntagen keine Fremdwörter. Dann hat auch die vor wenigen Jahren erbaute Almhütte geöffnet, die nichts mehr mit der mondän-vornehmen Gastronomie zu tun hat, die man sonst von Rennbahnen gewöhnt ist. Auf alten Bohlen, mit zünftigem Inventar und Mistgabeln an der Wand lässt sich die Galopprennbahn hier besonders urig erleben. Wenn dann die Rennen vorbei, die Sieger gekürt und die Besucher wieder weg sind, haben Naturliebhaber die Rennbahn wieder für sich alleine. Das Glück der Erde liegt nicht nur auf dem Rücken der Pferde, sondern auch in der grünen Natur.

TIPP Durch die riesige Glasfront des Club-Restaurants hat man einen tollen Blick über das Renngeschehen.

○ Galopprennbahn, Graf-Lehndorff-Straße 36, 81929 München, Stadtteil Riem
○ ÖPNV: S2, Haltestelle Riem

Venedig mitten in München

8 *Die Mondstraße in Untergiesing*

Wen das Fernweh packt, den zieht es gerne nach Italien. Venedig gilt gerade unter Liebespaaren als besonders romantisch. Das Problem ist nur: Der Routenplaner zeigt von München aus eine Strecke von 550 Kilometern an. Wem auch Venedig im Kleinformat genügt, der braucht vom Münchner Hauptbahnhof nur drei Stationen mit der U-Bahn. Vom Kolumbusplatz aus sind es noch ein paar Meter zu Fuß bis zur Mondstraße, dann kommt ein echt romantisches Venedig-Feeling auf. Denn die Hinterhöfe der Häuser grenzen hier an den Auer Mühlbach, der für ein kurzes Stück aus dem Untergrund der Kanäle auftaucht. Wer von der Brücke auf den gemütlich dahinfließenden Bach blickt, braucht keinen teuren Italien-Trip mehr.

Mitten im Stadtteil Untergiesing, der sonst eher von größeren Mehrfamilienhäusern und breiten Durchgangsstraßen geprägt ist, liegt dieser idyllische Ort, der einen Besuch lohnt. Die kleinen, zweistöckigen Häuser sind übrigens auch von vorne betrachtet interessant. Die liebevoll restaurierten Gartenhäuschen sind teils traditionell, teils auch moderner restauriert und sehen so gar nicht nach Großstadt aus. Eher kommt man sich vor wie in einem romantischen Dorf – oder eben wie in Venedig. Und wer an diesem lauschigen Plätzchen ein wenig Kraft tanken möchte, der findet gleich gegenüber der Brücke über den Auer Mühlbach einen großen, Schatten spendenden Baum mit einer Bank darunter. Von hier aus lässt sich die Mondstraße auch komplett überblicken und das einzigartige Häuser-Ensemble genießen.

TIPP **Bei den Mühlbachtagen im Sommer laden zahlreiche Ateliers zu einem Blick hinter die Kulissen ein.**

● **Mondstraße, 81543 München, Stadtteil Untergiesing**
● **ÖPNV: U1, U2, Haltestelle Kolumbusplatz**

Am Brunnen vor dem Tore

 9 *Der Neptunbrunnen im Alten Botanischen Garten*

„Am Brunnen vor dem Tore, da steht ein Lindenbaum" heißt es in Franz Schuberts „Winterreise". Rund um den Neptunbrunnen unweit vom Karlstor ist der Baumbestand erheblich vielseitiger. Denn hier erstreckt sich der Alte Botanische Garten, der einige Kostbarkeiten zu bieten hat. Doch die meisten Besucher interessieren sich weniger für Flora und Fauna, dafür umso mehr für den riesigen Neptunbrunnen direkt gegenüber vom Justizpalast. Gerade an heißen und sonnigen Tagen, wenn die Luft in der Stadt staubig und voller Abgase ist, spendet das meterhohe Wasserspiel ein wenig kühle Erfrischung. So manch einer badet hier ungeniert seine Füße im Wasser, kleine Kinder springen auch mal komplett hinein. Platz genug gibt es auf jeden Fall: Das Bassin ist 30 Meter lang und 15 Meter breit. Neptun ist hier – ähnlich wie Michelangelos David – mit muskulösem Körperbau in Siegerpose dargestellt. Er trägt einen Dreizack und sitzt auf einem Ross mit Fischschwanz, das ihn auf der Wasseroberfläche trägt. Die monumentale Darstellung von Joseph Wackerle ist ein Produkt ihrer Zeit. Sie entstand 1937, als der Park neu gestaltet wurde. Die Besucher genießen

TIPP *Im Park steht der Kunstpavillon. Ein Verein nutzt ihn für Ausstellungen zeitgenössischer Kunst.*

gerne dieses kleine Stück Grün mitten in München, gönnen sich hier in der Mittagspause etwas Ruhe und vergessen ein wenig die Hektik der Stadt. Rund um den Brunnen lockert ein farbenfroher Blumenschmuck die Atmosphäre auf, und Sitzbänke laden zum Verweilen und Entspannen ein. Vom Brunnen her weht eine leichte Brise herüber – so lässt sich der Tag perfekt genießen. Auch sonst hat der Alte Botanische Garten alles zu bieten, was ein Park braucht: lange Wege zum Joggen oder für einen entspannten Spaziergang, ein Park-Café mit allerhand Gaumenfreuden, außerdem Freiflächen zum Chillen in der Sonne oder für Yoga- und Pilatesfreunde. Wer mag, kann sich auch von den zahlreichen exotischen Bäumen inspirieren lassen. Links neben dem Brunnen zum Beispiel spendet ein Japanischer Schnurbaum den Besuchern seinen Schatten.

▶ **Alter Botanischer Garten, Elisenstraße, 80335 München**
▶ **ÖPNV: S-Bahn, U1, U2, U4, U5, Haltestelle Hauptbahnhof**

Gegen alle Widerstände

 Die Ost-West-Friedenskirche im Olympiapark

Nicht, dass der Olympiapark mit riesigen Grünflächen geizen würde. Wer aber ganz im Süden die weitläufige Anlage über die Dachauer Straße betritt, der gelangt an einen Ort, den es eigentlich gar nicht geben dürfte. Dass er heute noch existiert, grenzt tatsächlich an ein Wunder – zumal es sich um eine Kirche handelt. Ihre Geschichte beginnt in einem russischen Dorf in der Nähe der Stadt Rostow. Dem Bauernsohn Timofej soll dort 1943 die Gottesmutter Maria erschienen sein und ihm aufgetragen haben, eine Friedenskirche für die Versöhnung zwischen Ost und West zu bauen. Über unzählige Umwege landete er 1952 in München. Auf dem Oberwiesenfeld bauten Timofej und seine spätere Frau Natascha aus den Schuttbergen der Weltkriegstrümmer eine kleine Kirche, eine Kapelle zu Ehren des Erzengels Michael und ein Wohnhaus ohne Heizung und fließendes Wasser. Damals war das Gelände eine riesige Brache, doch gut 15 Jahre später rollten Bagger an und hoben ein komplett neues Stadtviertel aus dem Boden. Denn 1972 sollten hier die Olympischen Sommerspiele stattfinden. Für die Ost-West-Friedenskirche gab es keine Baugenehmigung, und folglich sollte sie den futuristischen Bauten weichen. Doch zahlreiche Proteste führten dazu, dass die Pläne für das Olympiagelände geändert wurden. So liegt bis heute versteckt hinter Bäumen dieses kleine Schmuckstück. Von außen wirkt das Gelände wie ein etwas in die Jahre gekommener Schrebergarten. Doch die Kirche strahlt mit ihren unzähligen Ikonen und den vielen Teppichen eine behagliche, fast schon wohnliche Atmosphäre aus. Sie ist ein spiritueller Ort der Ruhe und, wer mag, auch des Gebetes – trotz der vielen Besucher, die täglich hineinschauen. Und sie liegt eingebettet in einen kleinen Garten, in dem im Frühjahr und Sommer die üppige Natur ihre prächtigen Farben zeigt. Das ganze Gelände, so unscheinbar es von außen wirkt, ist eine kleine Oase des Friedens, der inneren Kraft und Besinnung – eben eine Friedenskirche, nicht nur zwischen Ost und West.

TIPP Auf dem Gelände gibt es ein Museum zur Geschichte der Kirche und eine Erzengel-Michael-Kapelle.

Ost-West-Friedenskirche, Spiridon-Louis-Ring 100, 80809 München, Stadtteil Am Riesenfeld/Olympiagelände
www.ost-west-friedenskirche.de
ÖPNV: Tram 20, 21, Haltestelle Leonrodplatz

Ruhe aus der Tiefe

 Der Hachinger Bach von Deisenhofen bis Furth

In Oberhaching im Landkreis München entspringt ein kleines, fast unscheinbares, aber gerade dadurch sehr idyllisches Gewässer: der Hachinger Bach. Im Vorderen Gleißental im Oberhachinger Ortsteil Deisenhofen taucht er plötzlich an der Oberfläche auf. Wer das Tal durchwandert, bemerkt immer feuchter werdende Wiesen, bis plötzlich ein kleiner Bach durch das romantische Tal fließt. An manchen Stellen ist er durch das üppig bewachsene Ufer kaum zu sehen. Langsam und gemütlich schlängelt sich der Bach durch das Tal, das sich vor allem bei Familien mit Kindern großer Beliebtheit erfreut. Immer wieder taucht das Gewässer plötzlich ab, verschwindet mit einem Mal unter Wohnhäusern, um dann nach ein paar Metern wieder aufzutauchen. Hier und da führen kleine Brücken über den Bach, und an einigen Stellen ist das Ufer besonders reizvoll gestaltet. Die Spazierwege folgen hier dem Bachlauf, sodass man den Blick auf das leise vor sich hin plätschernde Wasser in der Regel nicht verlieren kann. Hin und wieder laden Bänke zum Ausruhen ein. Sich hinsetzen und das kleine Bächlein beobachten, wie es sich durch sein enges Bett windet, das hat schon etwas Beruhigendes. Die Schönheit der Umgebung des Hachinger Tals trägt ein Übriges dazu bei, sich hier wunderbar zu entspannen. Nördlich von Furth ist es dann erst mal mit der Ruhe vorbei. Der Hachinger Bach unterquert die Autobahn, fließt am Autobahnsee vorbei und mündet nach Taufkirchen. Von hier aus hat er noch einen langen Weg vor sich. In Unterhaching durchfließt er den Landschaftspark Hachinger Tal, unterquert eine weitere Autobahn und wird schließlich zum „Münchner". In Neuperlach hat er noch einen größeren Auftritt im Ostpark, bis er dann am Michaelibad im Boden versickert und so klammheimlich verschwindet, wie er an der Quelle aufgetaucht ist. Aber auf diesen zwölf Kilometern hinterlässt er still und leise, aber doch beständig seine Spuren.

TIPP In Furth gibt es direkt am Hachinger Bach ein Naturbad mit Seerosenbecken und altem Baumbestand.

▶ Quelle im Vorderen Gleißental, 82041 Oberhaching, Ortsteil Deisenhofen
▶ ÖPNV: S3, Haltestelle Deisenhofen und Furth

Bayerns schönstes Grün

 Der Zamilapark in Zarndorf

Der Zamilapark hat es offiziell bestätigt bekommen: Mitte der 1990er-Jahre wurde er zur „schönsten Grünanlage Bayerns" gekürt. Dabei gibt es ihn eigentlich gar nicht. „Zamilapark" ist der Name der Wohnsiedlung, die von 1983 bis 1991 im Stadtteil Zarndorf im Bezirk Bogenhausen errichtet wurde. Charakteristisch für die Siedlung ist das viele Grün rund um die Häuser. Sie schlängeln sich hufeisen- oder s-förmig um begrünte Innenhöfe herum, wodurch die Anlage ein parkähnliches Erscheinungsbild erhält. Nördlich von ihr wurde anschließend der östliche Teil des Denninger Angers als Landschaftspark gestaltet – und diesen Abschnitt bezeichnet man heute landläufig als „Zamilapark". Er liegt direkt an der S-Bahn-Strecke vom Ostbahnhof zum Münchner Flughafen und ist somit auch für ortsferne Besucher gut erreichbar. Und die Fahrt lohnt sich. In der Mitte des Parks erstreckt sich ein kleiner See mit einer üppigen Uferbepflanzung. Dazwischen gibt es aber kleine Stellen, an denen man bis ans Ufer gehen und die kühle Frische direkt am Wasser genießen kann. Weitläufige Grünflächen, teils mit üppigem Baumbestand, lassen einen

TIPP *In der Nähe liegen die Galopp- und die Trabrennbahn Daglfing. Ein Tipp nicht nur für Pferdeliebhaber.*

schnell im Herzen der Natur ankommen. Entspannen, die Seele baumeln lassen, neue Kraft sammeln – dazu lädt diese grüne Oase am Rande der Großstadt ein. Der Park ist mit viel Liebe und Sorgfalt angelegt. Obwohl er am Reißbrett entworfen wurde, strahlt er eine Natürlichkeit aus, die einen vom hektischen Treiben der Großstadt befreit und wieder regelrecht erdet. Wer's lieber aktiv mag, der findet auf dem weitläufigen Gelände eine Sportanlage. Und auch Bildung kommt nicht zu kurz: Ein Geologiegarten zeigt die wichtigsten bayerischen Gesteinsarten – zum Anfassen, Anlehnen oder einfach zum Anschauen. Besonders unter der Woche herrscht im Zamilapark eine solche Ruhe, dass man sich gedanklich irgendwo draußen auf dem Land wähnt. Dabei ist der Park nur ein paar S-Bahn-Stationen vom Marienplatz entfernt. Ein echter Geheimtipp für Naturliebhaber und Ruhesuchende!

◗ Zamilapark, 81929 München, Stadtteil Zamdorf
◗ ÖPNV: S8, Haltestelle Daglfing

Sport unter freiem Himmel

 Der Fitness Parcours Isarauen in Untergiesing

Bodybuilding ist gut für den Körper, hält fit und liegt total im Trend. So weit, so gut – wären da nicht die muffigen, nach Schweiß riechenden Fitnessstudios, die häufig noch mit krawallartiger Musikbeschallung nerven. Wer seinen Körper ohne diese unangenehmen Begleiterscheinungen trainieren will, der muss raus ins Freie. Einfaches Training, zum Beispiel in Form von Gymnastik- oder Pilatesübungen, ist in jedem öffentlichen Park möglich. Wer spezielle Trainingsgeräte bevorzugt, der kommt in den Isarauen in Untergiesing auf seine Kosten. An 20 Stationen, die für alle Trimm-dich-Begeisterten frei zugänglich sind, kann so ziemlich jeder Muskel des Körpers in Wallung gebracht werden. So gibt es eine Stange für Klimmzüge, einen Balancierbalken, Vorrichtungen für Liegestütze, Stationen fürs Arm- und Rückenstrecken, eine Reckstange, Leitern für Kletterübungen und viele andere Gerätschaften, die den Schweiß vor allem an heißen Tagen nur so fließen lassen. Stationen für freie Übungen, beispielsweise Bodenturnen, bieten Platz für individuelles Training. Jogger können sich an einzelnen Stationen aufwärmen und in den weitläufigen Isarauen gleich durchstarten. Der Fitness Parcours ist nach dem sogenannten 4F-Konzept angelegt. Dieses soll den Sportlern ein zielgerichtetes Training von Koordination, Kraft, Ausdauer und Beweglichkeit bieten.

TIPP Nicht weit entfernt, in der Claude-Lorrain-Straße, liegt das Schyrenbad, Münchens ältestes Freibad.

Die gute, alte Idee des „Trimm-dich-Pfades" wurde hier auf moderne und innovative Weise weitergedacht – eine echte Alternative für alle, denen Fitnessstudios zu unattraktiv sind. Natürlich muss auch das Wetter mitspielen, aber für hartgesottene Sportler gibt es bekanntlich kein schlechtes Wetter, nur schlechte Kleidung ... Wer den Parcours ganz oder teilweise absolviert hat, kann auf den gepflegten Grünflächen des Parkgeländes gleich weitertrainieren. Ob Fußball, Badminton, Frisbeespielen oder Slacklinen – die Möglichkeiten sind so vielfältig wie die Fantasie. Die Isarauen sind ein echter Glücksort – denn Sport setzt bekanntlich unzählige Glückshormone frei.

● Fitness Parcours Isarauen, 81543 München
● ÖPNV: U1, Haltestelle Candidplatz; Bus 54, Haltestelle Gerhardstraße

Thomas Manns Zaubergarten

 Der Herzogpark in Bogenhausen/Oberföhring

„Das ist kein Wald und kein Park, das ist ein Zaubergarten, nicht mehr und nicht weniger." So beschrieb der berühmte Schriftsteller Thomas Mann 1919 den Herzogpark in seiner Novelle „Herr und Hund". Er musste es wissen, denn die Familie Mann mit den Kindern Erika, Klaus, Golo und Monika gehörten einst zu den prominentesten Anwohnern. Ihre Nachbarn hießen Erich Kästner, Rudolf Diesel oder Wilhelm Conrad Röntgen. Und Thomas Manns Beschreibung des Herzogparks gilt zumindest für den hinteren Teil der Grünanlage bis heute. Entlang des Brunnbachs, westlich der Oberföhringer Straße, erstreckt sich ein rund zweieinhalb Kilometer langes Idyll, das allein schon durch seine Lage fasziniert. Wer die Wanderwege am Bach, eingerahmt von hohen Bäumen, entlangschlendert, der fragt sich unweigerlich, ob er hier wirklich noch mitten in der Stadt ist und sogar den verkehrsreichen Mittleren Ring zwischendurch kreuzt. Das Zwitschern der Vögel, die Ruhe und Idylle des Parks lassen einen den Lärm und die Abgase der Autos beinahe völlig vergessen. Durch den dichten Baumbestand und den langsam dahinplätschernden Brunnbach ist es hier auch an heißen Sommertagen meist angenehm kühl und erfrischend. Wer die beruhigende Wirkung des fließenden Wassers mag, der findet am Brunnbach immer wieder kleine Plätzchen, an denen man die Seele baumeln lassen kann. Im oberen Teil des Herzogparks erstrecken sich größere Wiesenflächen, die zum Picknick oder zum Ausruhen, aber auch zu Pilates oder Yoga einladen. Und passend zu Thomas Mann finden sich hier zahlreiche Herrchen oder Frauchen mit Hund, die in der weitläufigen Anlage auf ihre Kosten kommen. Der Park ist so vielseitig, dass hier jeder seinen Lieblingsplatz findet. Kein Wunder: Er geht zurück auf einen der bedeutendsten Gartenbauer Deutschlands, Friedrich Ludwig von Sckell. Er legte nicht nur den Englischen Garten an und gestaltete den Nymphenburger Schlosspark um, sondern schuf auch mit dem Herzogpark einen echten grünen Glücksort.

TIPP Die frühere Villa von Thomas Mann liegt am Herzogpark in der Poschingerstraße 1.

 Herzogpark, Eingang an der Montgelasstraße, 81679 München
 ÖPNV: Tram 17, Bundesfinanzhof

Berg- und Tal-Romantik

15 *Mühlthal und Isarblick in Straßlach-Dingharting*

Das Isartal südlich von München ist gerade in den Sommermonaten ein beliebtes Ausflugsziel. Das liegt auch an der beeindruckenden Topografie: Im Gegensatz zum recht flachen München können hier die Höhenunterschiede schon deutlich sein. Das musste bereits mancher Radfahrer erfahren, der beim Überqueren der Isar auf dem Weg in den nächsten Ort ganz schön ins Strampeln kam. Der Fluss schlängelt sich durch das enge Tal und zeigt sich hier von einer romantischen Seite, bevor er in die Großstadt einmündet. Ein etwas abgelegener, aber damit auch nicht zu überlaufener Ort ist das Mühlthal. Von Straßlach-Dingharting aus geht es eine enge Straße immer weiter abwärts, aber der Weg lohnt sich. Sozusagen das „Tor" zum Mühlthal ist die kleine Kapelle St. Ulrich. Das Kirchlein aus dem 17. Jahrhundert strahlt gerade durch seine schlichte Schönheit eine Geborgenheit aus, die dazu einlädt, auf den Holzbänken vor dem Gotteshaus Platz zu nehmen, in der Ruhe der Natur ein wenig zu meditieren und die schöne Landschaft zu genießen. Ein paar Schritte weiter liegt schon das Ufer, allerdings nicht das der Isar, sondern des Mühlthalkanals, der hier fast parallel zum Fluss verläuft und das Wasserkraftwerk Mühlthal versorgt. Das Rauschen des Wassers ist keineswegs störend, es wirkt schon eher beruhigend und ist ein Beispiel dafür, wie die Kräfte der Natur für die Energiegewinnung genutzt werden können.

TIPP Im Mühlthal existiert bis heute eine Floßrutsche, die auch bei Touristen sehr beliebt ist.

Das Ufer lädt mit seinen Bänken oder Sitzgelegenheiten am Wasser zum Entspannen ein – und zum Genießen: Denn hier eröffnet sich ein toller Blick in die Weiten des Isartals mit seinem üppigen Grün. Genüsse der anderen Art gibt es wenige Meter weiter im historischen Gasthaus zur Mühle. Seit 1807 können sich Wanderer hier stärken. Zum Beispiel für einen Aufstieg hoch zum Isarblick. Immer leicht rechts halten, dann kreuzt man nach einiger Zeit einen Wanderweg. Nun geht es recht steil bergan, aber der Aufstieg wird direkt am Wegekreuz mit einem grandiosen Blick über das Isartal belohnt.

▶ Mühlthal, 82064 Straßlach-Dingharting
▶ ÖPNV: Bus 271, Haltestelle Straßlach, Gh. Wildpark

Ein Hauch von Asien

16 *Japanischer und chinesischer Garten im Westpark*

Die asiatische Kultur und Architektur zieht viele Menschen in ihren Bann. Eine Reise nach China oder Japan ist für viele ein Lebenstraum. Dabei lässt sich asiatische Kultur in München zumindest im Kleinen direkt vor der Haustür erleben: in den Nationengärten im Westpark. Der wurde einst geschaffen für die Internationale Gartenbauausstellung (IGA) 1983 und ist seitdem für Besucher frei zugänglich. Das japanische Sapporo war seinerzeit die Partnerstadt Münchens bei der IGA, und so entstand der Japanische Garten, der verschiedene Stilelemente miteinander vereint. Auf einem kleinen Teich ist eine Terrasse angelegt, von der ein Steg zu einer Aussichtsplattform führt. Gegenüber erwartet die Besucher ein Tee-Pavillon. Rundherum finden sich neben heimischen auch japanische Baumarten. Von Japan geht es nur wenige Meter entfernt sogleich nach China. Als „Garten von Duft und Pracht" lädt der chinesische Garten mit einem Rundweg im Stil traditioneller chinesischer Gartenbaukunst zu einem Spaziergang ein. Der führt durch ein Bambustor über steinerne Brücken um einen kleinen Teich herum. Es geht durch mehrere Tore vorbei an einer Felswand mit sprudelndem Wasser bis zu einem Pavillon, der wie ein Hausboot aussieht. Wer noch ein Stück weiterläuft, erreicht einen weiteren Pavillon. Der Weg steht sinnbildlich für den Jahreskreis, aber auch für das eigene Leben. Auf dem Weg sieht der Besucher immer nur den Ausschnitt, der unmittelbar vor oder hinter ihm liegt. Erst im letzten Pavillon angekommen, kann er auf den gesamten Parcours und damit symbolisch auf sein Leben zurückblicken. Der Garten wurde vollständig im chinesischen Kanton gefertigt und dann in Einzelteilen nach München transportiert. Hier lädt er in den Sommermonaten zu Kontemplation und Meditation ein. Umgeben von der Ruhe des weitläufigen Westparks stellt sich schnell ein Gefühl des Glücks, der Geborgenheit und der Ruhe ein. Die wundervolle Architektur trägt das Ihre dazu bei, dieses Stück Asien mitten in München in vollen Zügen zu genießen.

TIPP Gleich daneben stehen eine nepalesische Pagode sowie eine neun Meter hohe thailändische Sala.

⏵ Westpark, 81377 München, Stadtteil Sendling-Westpark
⏵ ÖPNV: U6, Haltestelle Westpark; Tram 18, Haltestelle Stegener Weg

Sportliches Naturidyll

 17 *Das Bootshaus der Naturfreunde in Thalkirchen*

Vereinsheime sind normalerweise für Nichtmitglieder tabu – nicht so bei den Naturfreunden. Der Verband für Umwelt, Sport und Natur heißt Besucher willkommen – und das nicht nur zu seinen Veranstaltungen, sondern auch im Bootshaus in Thalkirchen mit einem eigenen Zugang zum Mühlbach, auf dem im Kajak oder Kanu trainiert wird. Der Bootsanleger steht zwar nur den sportlich Aktiven offen, aber das gesamte Gelände drum herum ist frei zugänglich. In einer naturnahen, ruhigen Lage zwischen Mühlbach und Isar-Werkkanal lockt die große Liegewiese vor allem in den Sommermonaten zahlreiche Familien an, die hier ihre Decken ausbreiten und die Picknickkörbe auspacken. Während die Eltern entspannt in der Sonne liegen, können sich die Kleinen auf dem großen Spielplatz austoben, oder sie fahren mit ihren Bobbycars und Dreirädern über die Wiese. Da das Gelände durch Zäune begrenzt ist, können die Kinder hier gefahrlos spielen, zum Beispiel in einem Weidentipi, das die ehrenamtlichen Helfer des Vereins in Eigenregie für die Kinder gebaut haben. Eine Attraktion sind auch die Bienenstöcke im hinteren Teil des Geländes. Wenn der Imker in weißer Schutzkleidung die Waben aus den Bienenstöcken holt und kontrolliert, stehen die Kinder manchmal neugierig am Zaun und schauen dabei zu. Über dieses Projekt „Bienenwelten" hinaus hat die Umweltpädagogik bei den Naturfreunden generell einen hohen Stellenwert. Neben einem Insektenhotel, einem Barfußparcours und Totholzstapeln als Lebensraum für viele Tierarten helfen die Kleinen auch bei anderen kleinen Projekten mit. In Zusammenarbeit mit den Grundschulen wurden 2019 über 800 Kinder über das Gelände geführt. Für die meisten Besucher ist das Bootshaus der Naturfreunde aber einfach ein wunderbarer Ort, an dem sie gerne ihre Freizeit verbringen. Oft füllt sich das Gelände auch unter der Woche in den Nachmittagsstunden. Während die Sportler trainieren und draußen die Jogger ihre Runden drehen, lassen es sich die Besucher des Bootshauses so richtig gut gehen.

TIPP Etwa fünf Minuten entfernt liegt das Naturfreibad Maria Einsiedel.

○ Bootshaus der Naturfreunde, Zentralländstraße 26, 81379 München, Stadtteil Thalkirchen
www.N72.naturfreundehaus.de
○ ÖPNV: U3, Haltestelle Thalkirchen

Gipfel grüner Stadtplanung

18 *Der Doneberg am Ackermannbogen*

Einst standen hier triste Armeekasernen, dann entstand um 2009 zwischen Schwabing-West und Neuhausen eine topmoderne Neubaugegend, der Ackermannbogen. In der Vergangenheit wurde bei ähnlichen Projekten oft vergessen, dass zu einer guten Wohnlage auch ausreichende Grünflächen gehören. Das steigert nicht nur die Wohnqualität, sondern sorgt auch für bessere Luft. Beim Ackermannbogen haben die Planer geradezu mustergültig daran gedacht. Neben einem kleinen Park mit Spielflächen und Liegewiesen gibt es in dem Neubauviertel ein Biotop, einen Gemeinschaftsgarten für alle, die Freude am Gärtnern haben, und einen kleinen Berg, der sich vom Landschaftsbild nahtlos an den Olympiaberg anschließt, der gleich hinter dem Wohnquartier beginnt. Der „Doneberg", wie er genannt wird, wartet mit einigen Attraktionen auf, die ihn gleich in mehrfacher Hinsicht interessant machen. So führen Spazierwege in die Höhe, und wem es dann doch zu steil wird, den erwarten einige Sitzbänke, auf denen sich die Aussicht bis ins Olympiagelände genießen lässt. Auch die kleinsten Bewohner kommen auf ihre Kosten: Ein Spielplatz liegt am Fuße des Hügels und ist damit auch für Eltern mit Kinderwagen problemlos erreichbar. Die etwas größeren Kinder lieben es, den Trampelpfad bis an die Spitze des Donebergs zu erklimmen, der sich im Winter – sollte er denn mal wieder schneereich genug sein – als hervorragender Rodelhügel erweist. In den kleinen Berg ist ein Wärmespeicher eingebaut, der mit den Solardächern in den umliegenden Häusern ein Nahwärmenetz bildet. Von oben hat man natürlich die beste Rundsicht auf das schmucke Neubauviertel. Und das gilt als ein Musterbeispiel für grüne Stadtgestaltung. Die gemeinsam genutzten Freiflächen, das viele Grün auf den Dächern oder die Umweltbildung des Nachbarschaftsvereins „Ackermannbogen e.V." zeigen, wie moderner Städtebau aussehen kann. Der Doneberg ist buchstäblich der „Gipfel" dieses gelungenen Projekts – nicht nur für Anwohner ein lohnenswerter Besuch.

TIPP Gleich gegenüber geht es in den Olympiapark, eine der großen grünen Lungen der Stadt.

Doneberg, Elisabeth-Kohn-Straße, 80797 München
ÖPNV: Tram 12, Haltestelle Infanteriestraße; Bus 59, Haltestelle Ackermannbogen

Beliebt seit Urzeiten

19 *Die Garchinger Heide in Eching*

Sie heißt Garchinger Heide, gehört aber vollständig zum Gebiet der Gemeinde Eching. Der Name hat sich trotzdem eingebürgert, seit die Heide 1942 zum Naturschutzgebiet erklärt wurde. Das wurde auch höchste Zeit, denn von den rund 15.000 Hektar Heidelandschaft, die Mitte des 19. Jahrhunderts noch an dieser Stelle existierten, waren nach dem Ersten Weltkrieg die meisten Flächen längst zu Ackerland geworden. Die Bayerische Botanische Gesellschaft kaufte 23 Hektar Land, um den letzten Rest dieser einzigartigen Landschaft zu retten. Heute ist die Garchinger Heide rund 25 Hektar groß und nach Angaben der Gemeinde Eching unter Biologen weltbekannt. Das verwundert auch nicht, denn die ältesten Hügelgräber auf dem Gebiet der Heide gehen bis in die Bronzezeit zurück – und die endete schon 1000 v. Chr. Auch die Bajuwaren siedelten hier, und die Römer ließen ebenfalls einige Opfergruben zurück. Nicht nur die menschlichen Spuren, auch die der Tiere lassen sich weit zurückverfolgen. Manche Tier- und Pflanzenarten, die hier bis heute heimisch sind, gehen bis auf die Eiszeit zurück, unter anderem die Finger-Kuhschelle und das Frühlings-Adonisröschen. Das alles

TIPP Direkt „nebenan" liegt ein weiteres Naturschutzgebiet: die Echinger Lohe.

wird dem Besucher nicht zwingend bewusst, wenn er auf den Feldwegen die Heide durchquert. Auf den ersten Blick wirkt sie karg und wenig bewachsen. Der Baumbestand ist – einer Heidelandschaft entsprechend – sehr gering. Doch die Garchinger Heide will entdeckt werden. Informationstafeln weisen darauf hin, welche einzigartige Artenvielfalt sich auf diesem Stück Land zwischen der Autobahn und dem Echinger Gewerbegebiet mit seinen unzähligen Großmärkten erhalten hat. Auch ein kleiner Baggersee mit recht üppigem Uferbewuchs lädt zum Verweilen ein. Wer an Botanik interessiert ist, kommt hier besonders auf seine Kosten. Von den über 200 Pflanzenarten stehen rund 40 auf der Roten Liste der gefährdeten Arten. Und der Druck auf das Schutzgebiet nimmt weiter zu. Die Heide ist ein kleines Naturparadies, aber ein fragiles.

▸ Garchinger Heide, Dietersheimer Straße, 85386 Eching
▸ ÖPNV: Bus 690, Haltestelle Eching Waagstraße (mit Anschluss an die U-Bahn)

Naturbühne frei!

 Das Amphitheater im Englischen Garten

Im Sommer spielen sich an diesem Ort zahlreiche Dramen ab. Oder es wird wieder herzlich und aus voller Kehle gelacht. Aber all das ist nur Theater – auf einer Bühne der ganz besonderen Art. Kein pompöses Festspielhaus, keine großartigen technischen Raffinessen, sondern eine große Kuhle mitten im Englischen Garten ist der Ort für zahlreiche Aufführungen. Das Amphitheater ist eine Bühne, bei der die Natur die Kulisse beigesteuert hat. Die Erbauer mussten gar nicht mehr viel tun, außer Erde auszuheben und die Zuschauerränge nach dem klassischen griechischen Vorbild anzulegen. Die Idee eines Amphitheaters in der Hirschau, dem nördlichen Teil des Englischen Gartens, kam Anfang der 1980er-Jahre bei der Laienspielgruppe „Blütenring" auf. Schon bis Anfang des 19. Jahrhunderts hatte es am Chinesischen Turm ein Amphitheater gegeben, und auf dieses historische Vorbild wollte man zurückgreifen. Mit prominenter Unterstützung, unter anderem durch den späteren bayerischen Ministerpräsidenten Max Streibl, konnten genügend Spender gewonnen werden. Im April 1984 begann der Erdaushub, und am 13.

TIPP Egal in welcher Richtung – man trifft auf ein Wirtshaus: Aumeister im Norden oder Hirschau im Süden.

Juli 1985 feierte diese besondere Freilichtbühne Premiere mit der Persiflage „Lohengrin" nach Nestroy. Seit über 35 Jahren sitzen seitdem Hunderte Besucher im Sommer und Herbst in der Abendsonne und genießen das bunte Treiben auf der Bühne. Halbkreisförmig sind die Sitzreihen ange-ordnet, und die vollständig begrünte Spielfläche fällt sanft zum Publikum hin ab. Außer ein paar Scheinwerfern kommt man hier ohne Technik aus. Und selbst wenn keine Gaukler, Liebhaber, Prinzes-sinnen oder Clowns das Publikum begeistern, ist das Amphitheater einen Besuch wert. Dann wird der sonst so belebte Ort zu einem ruhigen Plätzchen fernab der großen Besucherströme, die anderswo den Engli-schen Garten bevölkern. Denn der Ort liegt ein wenig versteckt jenseits der Hauptwege. Wer hier seine Ruhe sucht, der muss sie erst mal finden. Aber dann kann das Theater auch ganz ohne Aufführung ein Ort der Fantasie werden.

▶ **Englischer Garten, 80805 München**
▶ **ÖPNV: U3, U6, Haltestelle Alte Heide**

Historie über der Autobahn

21 *Der Aubinger Geschichtspfad*

1000 Jahre auf 1000 Metern – mit diesem Motto präsentiert sich der Aubinger Geschichtspfad in seiner Selbstdarstellung. Der rund einen Kilometer lange Wanderweg zeigt die ein Jahrtausend alte Geschichte des Münchner Stadtteils Aubing auf elf Steinplatten entlang des Weges, die jeweils für ein Jahrhundert stehen. Die kleinen bunten Steine wurden von Schülern der Grundschule an der Gotzmannstraße gestaltet. Auf ihnen würdigen sie zum Beispiel den Namensgeber der Straße, in der ihre Schule liegt. Ein Stein zeigt einen Mann mit Nickelbrille und einer Mitra. Es ist Pfarrer Michael Gotzmann, der aus Aubing stammte und hier 1506 der Ortsgeistliche wurde. Seine Tagebücher geben einen Einblick in das Alltagsleben des Dorfes zum Beginn des 16. Jahrhunderts. Ein anderer von den Grundschülern gestalteter Stein zeigt das Münchner Kindl: Im Jahr 1942 wird Aubing ein Stadtteil der Großstadt und damaligen „Hauptstadt der Bewegung" im NS-Regime. Dass dieser Geschichtspfad seit 2010 überhaupt existiert, verdanken die Aubinger einem umstrittenen Projekt – der A99, dem westlichen Münchner Autobahnring.

TIPP *Aubings schöner alter Dorfkern ist einen Abstecher wert.* Lange wurde um den Bau gerungen, denn trotz der Notwendigkeit, die Verkehrswege in der Wachstumsregion auszubauen, wollten viele Ortsansässige nicht akzeptieren, dass ihnen täglich Tausende Autos quasi vor dem Fenster vorbeirauschen. Kurzerhand verlegte man ein Teilstück in die Tiefe, der Autobahntunnel Aubing wurde gebaut. Auf seinem Dach entstand später der Geschichtspfad. Wer hier entlangschlendert, spürt rein gar nichts davon, dass unter ihm im Sekundentakt Autos, Lkw und Motorräder durchrauschen. Lärm und Erschütterungen sind auch bei genauem Hinhören nicht zu vernehmen. Stattdessen ist der Geschichtspfad eine schöne Möglichkeit, die weitläufigen Wander- und Radwege rund um Aubing zu genießen und zugleich eine lebendige und anschauliche „Geschichtsstunde" zu erleben. Der Aubinger Geschichtspfad ist sozusagen eine Art Freilichtmuseum mitten im Grünen – und über der Autobahn.

⊙ Aubinger Geschichtspfad, Zugang über die Eichenauer Straße oder Am Langwieder Bach, 81249 München
⊙ ÖPNV: S4, Haltestelle Aubing

Auch Derrick war Gast

 22 *Der Biergarten „Brückenwirt" in Pullach*

Spätabends klingelt bei Deutschlands bekanntestem Oberinspektor das Telefon. Eine Frau meldet sich bei Derrick und will ihm vertrauliche Tipps zu einem Mordfall geben. Da der fleißige TV-Ermittler keinen Feierabend kennt, fährt er in ein abgelegenes Restaurant, um die vermeintliche Zeugin zu treffen. Die taucht allerdings nicht auf, und der Fall nimmt für Derrick eine dramatische Wendung ... Die Kulisse für Folge Nr. 91 der beliebten Fernseh-Krimiserie war damals der „Brückenwirt". Das Gartenlokal im Pullacher Ortsteil Höllriegelskreuth gibt es noch heute, und für die meisten Besucher bleibt der Brückenwirt in weitaus besserer Erinnerung als beim Oberinspektor. Seinen Namen hat der Biergarten von der benachbarten Grünwalder Brücke, die Pullach und Grünwald über die Isar miteinander verbindet. Gerade am Wochenende stört der Verkehr allerdings kaum, denn hier geht es auch bei großem Andrang eher beschaulich zu. Auf den Seitenstreifen der Brücke kommen Fußgänger und Radfahrer am linken Isarufer an, um sich im Brückenwirt eine gemütliche Auszeit zu gönnen. Denn die Aussicht ist

TIPP Im Saal des Gasthauses finden regelmäßig Theateraufführungen und Konzerte statt.

hier einzigartig schön. Eingebettet in die Höhenzüge des Alpenvorlandes bahnt sich die Isar ihren Weg durch das idyllische Tal, noch bevor sie die Großstadt München durchquert.

Wer im Brückenwirt einen guten Platz ergattert – und das ist bei „Biergartenwetter" nicht ganz einfach –, der kann nur wenige Kilometer vom hektischen Treiben der Landeshauptstadt entfernt ein beschauliches Stück Natur erleben. Unter den Schatten spendenden Kastanien lässt sich auch ein heißer Sommertag gut aushalten. Und am Isarufer führen Wander- und Radwege vorbei, sodass sich der Besuch beim Brückenwirt gut mit einem Ausflug kombinieren lässt. Wer nach einem zünftigen Biergarten-Abend nicht mehr fahrtüchtig ist, kann auf die nahe S-Bahn ausweichen. Der Brückenwirt ist ein Biergarten inmitten schöner Natur, die sich hier bei einem kühlen Bier oder Kaffee und Kuchen genießen lässt.

▶ Brückenwirt, An der Grünwalder Brücke 1, 82049 Pullach bei München
www.brueckenwirt.de
▶ ÖPNV: S7, Haltestelle Höllriegelskreuth

Wo Tagelöhner hausten

23 *Das Üblacker Häusl in Haidhausen*

Haidhausen gilt seit Jahren als eine der begehrtesten Wohnlagen in München. Als Ende des vorigen Jahrhunderts die alten Industrieareale schicken Neubauten wichen, der Gasteig und die Muffathalle kulturelles Leben in das Viertel brachten, wandelte sich das Image Haidhausens vom „Glasscherbenviertel" zum Szene-Stadtteil. Das Üblacker Häusl hat diesen tief greifenden Wandel überlebt und ist heute ein dörfliches Kleinod inmitten eines weiter wachsenden Stadtviertels. Zwischen den großen Wohnanlagen wirkt es wie eine kleine Oase, die das Einfache und Ursprüngliche verkörpert. Mit seinem Spitzgiebel, den Dachgauben und einer mit Efeu begrünten Gebäudeseite schafft das kleine Wohngebäude eine romantische Atmosphäre, die Jahr für Jahr zahlreiche Besucher fasziniert. Die früheren Bewohner des Hauses werden das allerdings etwas anders gesehen haben. Denn Ende des 19. Jahrhunderts hausten hier Tagelöhner am Rande einer Kiesgrube, deren Umrisse noch heute erkennbar sind. Es war eines von circa 150 kleinen Häusern aus Stein oder Holz, in denen eine Herberge untergebracht war. Doch bereits um die Jahrhundertwende wurden die ersten dieser Unterkünfte für größere Wohnhäuser abgebrochen. Viele wurden im Zweiten Weltkrieg zerstört, und in der Nachkriegszeit setzte ein erneuter Bauboom ein. Fast hätte auch das Üblacker Häusl dieses Schicksal ereilt. Seinen Namen hat es vom Holz- und Kohlenhändler Johann Üblacker, der das Haus 1894 erworben hatte. Seine Erben verkauften es 1966 an die Stadt München, die es aufgrund des schlechten Zustandes abreißen wollte. Doch engagierte Bürger verhinderten diese Pläne. In den 1970er-Jahren wurde das Haus in die Denkmalliste aufgenommen, aufwendig saniert und 1980 als Herbergenmuseum eröffnet. Es zeigt die typischen Wohn- und Schlafräume von Tagelöhnern und ist damit ein Dokument der Lebensverhältnisse in diesem Stadtteil, das „die Übel der modernen Zeit beinahe zerstört hätten", so der damalige Oberbürgermeister Erich Kiesl bei der Eröffnung.

TIPP Die Geschichte des Stadtteils erzählt das nahe gelegene Haidhausen-Museum in der Kirchenstraße 24.

⊙ Üblacker Häusl, Preysingstraße 58, 81667 München
▷ ÖPNV: U4, U5, Haltestelle Max-Weber-Platz; Tram 15, 21, 25, Haltestelle Wörthstraße

Bei der Blumenkönigin

24 Der Rosengarten in Untergiesing

Sie heißen Knirps, Münchner Herz oder Bayerngold – und blühen in einem prächtigen Farbenmeer. Das sind nur drei von Tausenden Rosensorten, die in diesem wunderschönen Kleinod im Frühling und Sommer ein wahres Farbenkonzert komponieren. Der Rosengarten liegt zentral, aber dennoch ruhig und eingebettet zwischen den Isarauen und dem Schyrenbad, Münchens ältestem Freibad. Nur drei Stationen mit der U-Bahn vom Hauptbahnhof entfernt, steht man hier mitten in der Natur – und kann sich vor leuchtenden Farben kaum retten. Rund 8500 Rosenstöcke reihen sich hier auf gut 4500 Quadratmetern Fläche. Manche wachsen am Boden, andere ranken sich majestätisch an Holzleitern empor, wieder andere gedeihen als üppige Sträucher. Man muss kein Rosenfreund sein, um dieses idyllische Stück Natur zu genießen. Eigentlich ist der Rosengarten ein Testfeld. Seit den 1950er-Jahren untersucht die Stadt München, welche Rosen sich für die städtische Bepflanzung eignen. Das Ergebnis zeigt: Es sind sehr viele. Und die Besucher erfreuen sich seitdem an der bunten Vielfalt, die so gar nichts mehr mit der klassischen roten Rose gemein hat. Zwischen den Beeten führen kleine Wege hindurch, und überall gibt es kleine Ecken und Winkel, in die man sich zurückziehen kann. Feste Sitzbänke stehen hier nur wenige, stattdessen können die Besucher einen Gartenstuhl ausleihen und dorthin stellen, wo es für sie am lauschigsten oder gemütlichsten ist. In dem weitläufigen Garten findet jeder seinen Lieblingsplatz, an dem sich ein sonniger Tag entspannt genießen lässt. Und wer mehr über die Rosenzüchtung erfahren will, für den gibt es kleine Infotafeln und mehrere Themengärten, zum Beispiel einen Tastgarten für Blinde. Nicht nur hier lässt sich die Königin der Blumen mit allen Sinnen erleben – es duftet herrlich, Vögel zwitschern vergnügt, und ein kleiner Bach plätschert dahin. Im Schatten der Rosen wird gelesen, erzählt oder gedöst. Der Rosengarten ist ein Glücksort für jeden – und liegt gleich um die Ecke.

TIPP Es gibt unter anderem einen Duftgarten, einen Fliedergarten und einen Schaugarten mit Giftpflanzen.

◉ Rosengarten, Sachsenstraße, 81543 München
◉ ÖPNV: U1, U2, Haltestelle Kolumbusplatz

Perfekte Naturidylle

 25 *Der Germeringer See am Parsberg*

Germering ist eine typische Vorstadt direkt an der südwestlichen Münchner Stadtgrenze. Nach dem Krieg wohnten hier kaum 6000 Menschen, heute sind es über 40.000 – Tendenz steigend. In den 1970er-Jahren entstand für die vielen Neubürger (und die Alteingesessenen) ein großer Badesee mitsamt einem Erholungsgebiet rings um das Gewässer. Am Fuße des Parsbergs, wo einst die bayerischen Herzöge gegeneinander Krieg führten, wird seitdem geschwommen, gespielt, gegrillt oder einfach in der Sonne gedöst. Und der See kann sich sehen lassen: Er liegt etwas abgeschieden am Stadtrand in einem ruhigen Waldgebiet und ist ringsum von viel Grün umgeben. Bis auf einen kleinen Schilfgürtel ist er überall zugänglich und hält zudem zahlreiche Freizeiteinrichtungen bereit. Neben einer Beachvolleyballanlage, Fußballfeldern und einem Fitness-Parcours gibt es eine Kneipp-Anlage. Die Natur ist nach Sebastian Kneipp bekanntlich die beste Apotheke – hier gibt es die entsprechende Medizin. Allseits beliebt sind neben dem Barfußpfad auch die Baumelbänke, auf denen man neben den Beinen auch die Seele baumeln lassen kann. Auch

TIPP *Ganz in der Nähe liegt der mittelalterliche Burgstall Parsberg mit einer abgegangenen Höhenburg.*

das leibliche Wohl kommt hier nicht zu kurz – und zwar das ganze Jahr über. Auch außerhalb der Badesaison hat der Kiosk mit Gastraum und Biergarten geöffnet. Denn wenn es zum Baden und Sonnen zu kalt wird, laden zahlreiche Wanderwege zu erholsamen Spaziergängen, zum Radfahren oder Inlineskaten ein. So ist am Germeringer See eigentlich immer Saison – das ganze Jahr über ist er ein Ort zum Erholen oder für sportliche Aktivitäten, für eine Auszeit vom Alltag oder zum Spaßhaben. Und das alles im Einklang mit der Natur: Am See gibt es einen Gehölzerlebnis-Pfad, der einen neuen Blick auf die heimische Pflanzenwelt bietet. Und man merkt: Auch ein künstlich geschaffener See kann durchaus eine Naturidylle sein.

○ Germeringer See, Burgweg, 82110 Germering bei München
○ ÖPNV: Ruftaxi 8500 (Verbindung zum S-Bahnhof Harthaus)

Von Maria bis Methusalem

26 Der Klosterwald Maria Eich in Planegg

Um 1710 muss es gewesen sein, als zwei Brüder aus Planegg im heutigen Landkreis München ein Gnadenbild der Gottesmutter Maria in eine der hohlen Eichen stellten. Der Überlieferung nach verfehlte die Bitte um göttlichen Beistand ihre Wirkung nicht: Einige Jahre später wurde eine Tagelöhnerin eines benachbarten Bauernhofs von einer Krankheit geheilt. Seitdem pilgern die Menschen hierher, die Wallfahrt nach „Maria Eich" ist bis heute ungebrochen. 1746 entstand an diesem Gnadenort auch eine Einsiedelei, die ab 1953 vom Augustinerorden zu einem Kloster ausgebaut wurde. Maria Eich ist ein Wallfahrtsort mitten im Grünen. Wer sich vom S-Bahnhof oder vom Wanderparkplatz kommend auf den kurzen Weg in Richtung Kloster macht, durchquert den Klosterwald, der schon für sich eine Attraktion ist. Hier stehen etwa 50 bis 60 Eichen, die rund 300 bis 350 Jahre alt sind und auch als die „Methusalem-Bäume" bezeichnet werden. Um diese einzigartige Vielfalt zu erhalten, haben sich die Beteiligten zu einem Projekt unter dem Titel „Eremiten im Klosterwald" zusammengeschlossen. Sogar die UNO hat diese Initiative bereits ausgezeichnet – unter anderem, weil rund 240 Holzkäferarten in den Bäumen ihr Zuhause haben, von denen über 50 auf der Roten Liste der gefährdeten Arten stehen. Auch für andere Tier- und Pflanzenarten sind diese uralten Eichenwälder ein wichtiger Lebensraum. Die Eiche, in deren Hohlraum die beiden Buben damals die Muttergottes-Statue gestellt haben, existiert noch. Nachdem ein Blitzeinschlag 1805 die Krone zerstört hat, steht sie heute gut geschützt hinter Glas auf der Rückseite des Hochaltars der Gnadenkapelle. Nach wie vor schreiben unzählige Gläubige ihre Anliegen auf kleine Zettelchen und heften sie ringsum an die Wände. Ob gläubig oder nicht, das Kloster Maria Eich ist ein Ort der Besinnung und Meditation, eingebettet in ein jahrhundertealtes Waldgebiet mit einer einzigartigen biologischen Vielfalt.

TIPP Am Rande des Wallfahrtsplatzes liegt das „Seelengärtlein", ein Klanggarten mit meditativer Musik.

▶ Klosterwald Maria Eich, Zu Maria-Eich 1, 82152 Planegg bei München
www.maria-eich.de
▶ ÖPNV: S6, Haltestelle Planegg

Mehr als nur ein Park

 27 *Der Pasinger Stadtpark*

Dass er Stadtpark heißt, liegt an der Geschichte Pasings, das bei der Gründung des Parks 1929 noch eine eigene Stadt war. Neun Jahre später wurde Pasing ein Münchner Stadtteil – der Name „Stadtpark" blieb, zumal die Pasinger zwar ihre kommunale Selbstständigkeit, aber nicht ihr Selbstbewusstsein verloren haben. So gibt es in Pasing eine eigene Mariensäule, einen Viktualienmarkt und eine Kleinausgabe des Englischen Gartens, den Pasinger Stadtpark. Das heißt, so klein ist er mit 20 Hektar gar nicht. Er erstreckt sich entlang der Würm, einem idyllischen Nebenfluss der Isar, bis an die Stadtgrenze nach Gräfelfing, wo er in den Paul-Diehl-Park übergeht. Und auf dem Weg dorthin zeigt der Pasinger Stadtpark so viele Facetten, dass nahezu jeder Besucher sein Lieblingsplätzchen finden dürfte. Unzählige Wander- und Radwege schlängeln sich entlang der Würm, teilweise auf beiden Seiten des Ufers. Immer wieder zweigen sie ab, führen abseits der Hauptrouten auf kleine Wege und lassen einen die Anlage auch beim x-ten Besuch wieder ein Stück weit neu entdecken. Große, gepflegte Wiesen sind das Eldorado für Familien, die hier Ball spielen oder ein Picknick machen – aber ebenso für Faulenzer, die sich von der Sonne verwöhnen lassen. Entlang der Würm, die hier und da zu kleinen Seen aufgestaut ist, findet man immer wieder kleine Plätze, an denen man direkt am Wasser pausieren kann, dem plätschernden Fluss lauschen und so seine Gedanken einfach kreisen lassen kann. Auch im Winter lohnt sich ein Besuch im Stadtpark. Westlich des Hugo-Fey-Wegs kommen Rodelfreunde auf ihre Kosten. Der Rodelhügel ist vor allem bei Familien beliebt und bietet eine längere, flache Strecke zum Ausbremsen. Entschleunigen ist hier ohnehin zu allen Zeiten das passende Stichwort. Wer am Wochenende oder nach der Arbeit Entspannung und Erholung sucht, findet im Pasinger Stadtpark seine passende Stelle. Auch zum Auspowern sind die langen Wegstrecken gut geeignet – jedem, wie er es mag.

TIPP Am Rande des Stadtparks liegt die alte, sehenswerte Pasinger Pfarrkirche Mariä Geburt.

🔵 **Pasinger Stadtpark, Zugang über die Planegger Straße, 81241 München**
🔵 **ÖPNV: S3, S4, S6, S8, Tram 19, Haltestelle Pasing**

Zwischen den Gleisen

28 *Die Allacher Lohe mit dem Hundesee*

Das Rumpeln und Quietschen der Züge ist schon von Weitem hörbar. 1991 entstand hier, im Norden des Münchner Stadtbezirks Allach, ein riesiger Container- und Verschiebebahnhof mit rund 120 Kilometern Gleisanlagen. Direkt daneben fahren täglich Tausende Autos über den Autobahnring, und genau hier zweigt die Dachauer Straße ins Industriegebiet rund um einen großen Automobilhersteller im Münchner Norden ab. Dazwischen, für die vorbeirauschenden Autos kaum sichtbar, liegt zwischen Rangierbahnhof und Autobahn ein Naturschutzgebiet, die Allacher Lohe. Sie ist der Überrest des einstigen Lohwaldgürtels und beheimatet viele teils seltene und gefährdete Tier- und Pflanzenarten. Schlüsselblumen, Buschwindröschen und Lungenkraut sind hier ebenso zu Hause wie der vom Aussterben bedrohte Juchtenkäfer, der Grünspecht, die Zauneidechse sowie rund 300 Pilzarten. Wie für Lohwälder typisch, ist nicht die ganze Fläche mit Bäumen bewachsen. Heideflächen lockern die Umgebung auf und lassen einen weiten Blick in die Landschaft zu. Die Allacher Lohe ist zwischen Autobahnring, Schnellstraße und Gleiskörper weitest-

TIPP Die Allacher Lohe beherbergt ein Waldklassenzimmer, um Kinder mit der Natur vertraut zu machen.

gehend von der Umgebung abgeschnitten – und gerade das macht sie zur ökologischen Insel. Wer auf den weitläufigen Wanderwegen entlangschlendert, hört und sieht fast nichts mehr vom umliegenden Verkehr. Hier hat sich die Natur ein Kleinod bewahrt, und das lässt sich – auch dank der Ausweisung als Natur- und Landschaftsschutzgebiet – in vollen Zügen genießen. Am südöstlichen Ende der Lohe liegt ein idyllischer Baggersee, auch „Hundesee" genannt. Tatsächlich sind hier viele Besucher mit vierbeinigem Anhang unterwegs – allerdings gilt für Mensch und Tier striktes Badeverbot. Denn auch der See steht unter Naturschutz, damit sich am Ufer und im Wasser Amphibien und Vögel ungestört ausbreiten können. Die Allacher Lohe ist ein Beispiel dafür, dass in einer dicht besiedelten Stadt wie München naturbelassene Orte möglich sind, in denen der Mensch mit der Natur im Einklang leben kann.

▸ Allacher Lohe, 80995 München (Parkplatz erreichbar über Schroppenwiesenstraße)
▸ ÖPNV: Bus 176, 710, Haltestelle Ferchenbachstraße

Ruhe nicht nur für Promis

29 *Der Alte Südfriedhof in der Isarvorstadt*

Ganz viele Prominente auf wenigen Hundert Metern, das gibt es nicht nur bei der Oscar-Verleihung oder der Berlinale, sondern mitten in München. Allerdings: Sie sind allesamt schon lange tot. Beerdigt sind sie auf dem Alten Südfriedhof in der Isarvorstadt. Zwischen dem Sendlinger Tor, dem bunten Partyrevier Glockenbachviertel und der Kapuzinerstraße liegt Münchens ältester noch erhaltener Friedhof, auf dem viele bekannte Persönlichkeiten ihre letzte Ruhe gefunden haben. Für Besucher bietet er eine wunderbare Oase der Ruhe mitten im hektischen Treiben der Innenstadt. 1563 als Pestfriedhof außerhalb der damaligen Stadttore angelegt, wurde er ab 1788 zum Zentralfriedhof. Im 18. und 19. Jahrhundert ließen sich zahlreiche prominente Bürger hier bestatten. Die opulenten Grabmale aus dieser Zeit sind zum Teil bis heute erhalten. Josef von Fraunhofer, Justus von Liebig, Josef Rheinberger oder Carl Spitzweg sind nur einige Namen, über die man beim Betrachten der kunstvoll gestalteten Grabsteine stolpert. Wer über die langen, mit Alleebäumen bepflanzten Wege spaziert, findet hier zahlreiche Kostbarkeiten. Ab 2004 wurden sie restauriert, sodass die gesamte Anlage mittlerweile unter Denkmalschutz steht. Sie gilt nicht nur als eine der schönsten in München, sondern als eine der wichtigsten Grabanlagen in ganz Europa. Die Besucher des Friedhofs lassen sich gerne hineinziehen in diese besondere Atmosphäre, die der Friedhof ausstrahlt. Er ist wie ein großes Buch, in dem es unzählige Geschichten zu lesen gibt. So wird der Friedhof zu einem Ort der Inspiration und zu einem Platz, der einen buchstäblich „erdet". Denn er macht uns klar, dass wir alle irgendwann zu Staub werden. Mögen die Grabsteine auch von großbürgerlichem Selbstbewusstsein zeugen – unter der Erde sehen alle Gräber gleich aus. Der Alte Südfriedhof ist nicht nur wegen seiner schieren Größe ein Ort der Weite – er lenkt den Blick auch auf die Hoffnung, dass mit dem irdischen Tod der Weg noch nicht zu Ende ist.

TIPP Sehenswert ist die St. Stephanskirche am Nordeingang. Sie stammt aus dem 17. Jahrhundert.

Alter Südlicher Friedhof, Thalkirchner Straße/Ecke Stephansplatz, 80337 München
www.muenchen.de
ÖPNV: U1, U2, U3, U6, Haltestelle Sendlinger Tor

Oasen in der „Wüste"

30 *Bordstein-Beete in der Breisacher Straße*

Haidhausen, der Stadtteil zwischen rechtem Isarufer und Ostbahnhof, ist der Inbegriff von „hip". Ein wachsendes Szeneviertel, viele junge und wohlhabende Bewohner. Super-Food, Bio-Läden, vegane Restaurants: Hier is(s)t man grün. Nur die Straßen sind es oft nicht. Dicht bebaute Häuserschluchten, nur wenige Parks oder Grünanlagen. Eine „Wüste" nennt Klaus Josberger die Ecke, in der er seit einigen Jahren arbeitet. Es ist die Breisacher Straße, nur ein paar Hundert Meter vom Ostbahnhof entfernt. Vor der Bio-Bäckerei, in der er hinter der Theke steht, fiel ihm schon lange ein kleines Beet am Bürgersteig auf, das – gelinde gesagt – nicht sehr ansehnlich aussah. Und er beschloss, etwas gegen die „Wüste" zu tun. Er legte Hand an, pflanzte Blumen und Sträucher. Dann bekam er den Tipp, sich Hilfe von „GreenCity" zu holen. Der Verein engagiert sich für mehr Grün in der Stadt, gefördert von öffentlichen Mitteln der Stadt München. Und der Verein kümmerte sich um fast alles: Er lieferte Erde, Blumen und Pflanzen, gab nützliche Hinweise für die richtige Pflege. Nur pflanzen musste Klaus Josberger noch selbst. Wie die Sträucher genau heißen, weiß er daher gar nicht so genau, nur

TIPP *Ein Streifzug durch Haidhausen lohnt sich. Dort gibt es viele kleine Geschäfte und Lokale.*

bunt sollte es sein. Und Hanf sei auch irgendwo mit dabei, erzählt er. Zweimal pro Woche gießt er sein kleines Gartenreich, außerdem hält er es sauber. Denn obwohl viele Passanten ihn ansprechen und seine Initiative toll finden, muss er immer wieder Zigarettenkippen aufsammeln oder Radfahrer verscheuchen, die mitten durchs Beet trampeln. Inzwischen sind auch weitere Nachbarn aktiv geworden und haben in Eigenregie, ohne Hilfe von „GreenCity", vor ihren Häusern für ein bisschen Grün gesorgt. Ein Wohnhaus wird sogar von Efeu umrankt, vor dem Gebäude wachsen bunte Blumen. „Urban Gardening" ist ein wachsender Trend. Auch Klaus Josberger hat schon neue Pläne: Ein paar Rosenstöcke sollen bald in sein Beet einziehen. Damit aus der „Wüste" in der Breisacher Straße immer mehr eine grüne Oase wird.

▶ Breisacher Straße 13, 81667 München
www.greencity.de
▶ ÖPNV: S-Bahn-Stammstrecke oder U5, Haltestelle Ostbahnhof

Einst gejagt, jetzt gehegt

 31 *Das Wildgehege im Hirschgarten*

Einst war der Hirschgarten ein königliches Jagdgebiet. Im Jahr 1780 ließ der bayerische Kurfürst Carl Theodor hier einen „Tiergarten" anlegen und siedelte Dam- und Edelhirsche an. Schon bald aber durfte auch die Öffentlichkeit auf das Gelände, und schnell entwickelte sich das Areal zu einem beliebten Ausflugsziel der Münchner. Bis etwa zum Zweiten Weltkrieg blieben die Hirsche auf dem Gelände – und liefen zwischen den Biertischen frei herum. Dem Vernehmen nach soll manches Tier auch den einen oder anderen Schluck Bier erbettelt haben – der ihm dann zu Kopfe stieg. Mittlerweile haben sich die Zeiten geändert. Gejagt wird hier schon lange nicht mehr, stattdessen lädt die weitläufige Park-anlage zum Joggen, Radfahren, Fußballspielen oder einfach zum Aus-ruhen ein. Sport- und Spielplätze gibt es zuhauf, und in ausgewiesenen Zonen darf auch der Grill angefeuert werden. Doch der Hirschgarten trägt seinen Namen immer noch mit Recht: Denn das edle Wild ist nicht etwa aus dem Park verschwunden. Auf einer kleinen Anhöhe im Nord-westen der rund 40 Hektar großen Anlage ist ein Wildgehege entstanden.

TIPP *Der Biergarten im Park gilt mit 8000 Sitzplätzen inoffiziell als größter der Welt.* Hier sind heute überwiegend Damhirsche zu Hause, und die genießen ihr Dasein, ohne fürchten zu müssen, dass wieder ein Adliger mit seiner Schrotflinte nach ihrem Le-ben trachtet. Auch wenn das Areal sehr groß ist, liegen die meisten Hirsche am liebsten direkt an dem hohen Zaun, der das Gehege vom Rest der Parkanlage trennt. Denn hier stehen nahezu immer Familien mit Kindern, die versuchen, durch den engen Zaun die Tiere zu streicheln. Manch einer hat sicher auch das eine oder andere Naschzeug dabei. So braucht es keinen Zoobesuch, um den Hir-schen ganz nahe zu kommen. Und die umliegenden hügeligen Wiesen mit ihrem teils 150 Jahre alten Baumbestand tun ein Übriges, um sich mitten in München wie in freier Natur zu fühlen. Das Glück kann näher sein, als man oft denkt.

● Hirschgarten, 80639 München
● ÖPNV: S-Bahn-Stammstrecke, Haltestelle Hirschgarten

Fernab vom Prunk

32 *Magdalenenklause im Schlosspark Nymphenburg*

Der Nymphenburger Schlosspark – das ist barocker Prunk in Höchstform. Die ehemalige Wittelsbacher-Residenz und der weitläufige Park geizen nicht mit optischen Reizen. Prächtige Gebäude, Skulpturen, fein säuberlich gegliederte Gärten und vieles mehr ziehen jedes Jahr unzählige Besucher an. Doch es gibt auch Ecken im Park, die einen starken Kontrast zu der höfischen Anlage bilden. Eine davon ist die Magdalenenklause. Sie liegt nördlich des Geranienhauses und nicht weit entfernt vom „Museum Mensch und Natur". Das Gebäude ist eine Ruine – und das vom Zeitpunkt seiner Erbauung an. Die Klause sollte keinerlei Luxus oder irgendwelche Annehmlichkeiten bieten, sondern den recht sinnesfrohen und den Freuden des Lebens nicht abgeneigten bayerischen Kurfürsten Max Emanuel zur Raison bringen – und zwar auf seinen eigenen Wunsch. 1725 beauftragte er den berühmten Münchner Baumeister Joseph Effner, diese künstliche Ruine und recht dunkle Einsiedelei zu errichten. Dort wollte der Monarch Zuflucht suchen vor dem höfischen Zeremoniell und sich zu einer Art Selbstkasteiung im Alter durchringen. Dazu kam es freilich nicht

TIPP Von der Klause führt ein direkter Weg in den riesigen Botanischen Garten.

mehr, denn noch bevor die Magdalenenklause fertig wurde, starb Max Emanuel. Sein Sohn Clemens August, seit 1723 Erzbischof und Kurfürst von Köln, weihte die Klause ein.

Das Gebäude wirkt etwas eigentümlich; seine Innenausstattung zeigt, wie sich die damaligen Herrscher das Leben eines Eremiten vorstellten. Der Innenraum ist mit Muscheln und Tuffstein wie eine Grotte gestaltet. Alles ist für ein Leben in Einfachheit und Enthaltsamkeit konzipiert – wenn man vom Weinkeller absieht. Auch von außen ist die Magdalenenklause ein ruhiger und beschaulicher Ort. Außer der Grottennische, die die Figur der heiligen Maria Magdalena zeigt, ist die Klause sehr schlicht gehalten. Sie versteckt sich ein wenig hinter hohen Bäumen und muss erst einmal „entdeckt" werden. Gerade das macht sie zu einem besonders kontemplativen Ort im sonst so belebten Schlosspark.

> ◉ Magdalenenklause im Schlosspark Nymphenburg, 80638 München
> ◉ ÖPNV: Tram 12, Bus 51, Haltestelle Schloss Nymphenburg

Ein See mit vielen Seiten

33 *Der Kleinhesseloher See im Englischen Garten*

Unweit des berühmten Chinesischen Turms im Englischen Garten und in der Nähe der Münchner Freiheit, des Herzens von Schwabing, liegt der Kleinhesseloher See. Wer das rund 8,6 Hektar große Gewässer umwandert, bekommt etwa alle 100 Meter etwas völlig Neues geboten. Ob ruhige Natur, Wassersport oder Gastronomie – vieles ist hier möglich, sodass nahezu jeder an irgendeiner Stelle auf seine Kosten kommt. Von der Münchner Freiheit aus geht es zunächst durch dichte Bäume über grüne Wiesen an der Uferpromenade entlang. Menschen sitzen auf den Bänken oder an Bäume gelehnt, lassen den Blick über den weiten See schweifen, schauen den bunten Booten auf dem Wasser zu oder genießen einfach die Stille der Natur. Runterkommen, loslassen und wieder neue Kraft tanken ist an der westlichen Uferseite besonders gut möglich. Verliebte sitzen Händchen haltend zusammen und lassen sich von der romantischen Atmosphäre beglücken. Auch die Enten auf dem Wasser sind kaum aus der Ruhe zu bringen und ziehen gemächlich ihre Bahnen. Einige Hundert Meter weiter Richtung Nordufer kommen dann die Bootsfreunde zum Zuge. Tretboote in vielen bunten Farben warten hier auf ihren Einsatz. Andere vertrauen auf ihre Armkraft und schippern im Ruderboot gemächlich über den See. Wer sich danach eine leibliche Stärkung gönnen will, der kann an der Nordostseite ins traditionsreiche Seehaus einkehren. Schon seit über 200 Jahren werden hier Bier, Limo und zünftige Speisen verkauft. Weiter Richtung Süden überquert man schließlich den Oberstjägermeisterbach, der den See mit Wasser speist. Ein Großteil der Fläche friert wegen der geringen Wassertiefe schnell zu, sodass der See in kalten Wintern (so es sie denn noch gibt) zu einem Paradies für Eisläufer und Eishockeyspieler wird. Hier am Ostufer wurde den beiden Erschaffern des Sees, Friedrich Ludwig von Sckell und Reinhard von Werneck, jeweils ein Denkmal errichtet. Ihnen haben wir dieses vielseitige Stück Natur zu verdanken.

TIPP Nördlich des Isarrings ist der Englische Garten erheblich ruhiger und „gehört" hier meist den Münchnern.

◐ Kleinhesseloher See im Englischen Garten, 80802 München
◐ ÖPNV: U3, U6, Haltestelle Münchner Freiheit

Wo Pumuckl Wasser spuckt

34 Der Luitpoldpark in Schwabing

Er gehört zu München wie Oktoberfest und Hofbräuhaus: der Pumuckl. Der kleine Kobold, der den alten Schreinermeister Eder tüchtig auf Trab hält, hat viele von uns durch die Kindheit begleitet. Die „Schreinerei Eder" ist längst abgerissen, aber der Pumuckl treibt immer noch sein Unwesen – nämlich im Luitpoldpark in Schwabing. Dort hat man ihm 1985 ein Denkmal gesetzt. Und die Bronzefigur des Starnberger Bildhauers Claus Nageler ist nicht weniger frech als das Original. Der Bronze-Pumuckl spuckt nämlich mit Wasser. Das macht er zwar nur ab und zu, dann aber unerwartet. Gefährlich ist das nicht, denn die „Dusche" hat Trinkwasserqualität. Für die Kinder ist es ein Riesenspaß, vom Pumuckl nass gespritzt zu werden. Überhaupt kommen sie im Luitpoldpark auf ihre Kosten. Neben einem Spielplatz gibt es hier riesige Rasenflächen, auf denen man fast jede Sportart von Fußball über Badminton ausüben kann. Viele spannen auch gerne ein Seil zwischen zwei Bäumen und üben sich mal mehr oder weniger erfolgreich im Balancieren. Sogar Schwertkämpfe sind hier nicht unüblich – alles getreu dem bayerischen Motto „Leben und leben lassen". Andere schlummern auf ihrem Badetuch und ignorieren demonstrativ die sportlichen Leistungen ihrer Mitmenschen. Jeder macht hier, wonach er gerade Herzenslust verspürt. Man stört sich nicht gegenseitig, die Besucher sind entspannt und genießen dieses Stück Natur mitten in der Stadt. Wem der Weg in die Alpen zu weit ist, der kann sich auch mit dem Luitpoldhügel behelfen, der sich am östlichen Rand des Parks erhebt. Er entstand aus dem Schutt des Zweiten Weltkriegs. Vom Gipfel aus erstreckt sich ein tolles München-Panorama. Und bei gutem Wetter werden am Horizont die „richtigen" Berge sichtbar. Ein Gefühl der Weite, der Unbegrenztheit steigt angesichts dieses atemberaubenden Ausblicks in einem auf. Nicht zuletzt hat der Luitpoldpark einige botanische Kostbarkeiten zu bieten, zum Beispiel den Ginkgo, den Urwelt-Mammutbaum sowie Pyramideneichen.

TIPP Am Rande des Parks steht das Bamberger Haus, das Merkmale des fränkischen Barocks aufweist.

▶ Luitpoldpark, Brunnerstraße, 80804 München
▶ ÖPNV: U2, U3, Tram 12, 28, Haltestelle Scheidplatz

Vom Militär zurückerobert

35 Hartelholz und Panzerwiese in Milbertshofen

Lange mussten sich die Menschen im Münchner Norden gedulden, bis sie die Panzerwiese endlich auch ganz offiziell nutzen konnten. Bis Ende der 1980er-Jahre hielt hier die Bundeswehr Übungen ab, und das Gelände war für Zivilisten gesperrt. Eigentlich – denn so richtig hat sich wohl damals schon keiner mehr daran gehalten. Als die Soldaten endgültig verschwunden waren, wollte die Stadt München die riesige Freifläche nutzen, um etwas gegen den damals schon grassierenden Wohnungsmangel zu tun. Doch der Naturschutz machte ihr weitgehend einen Strich durch die Rechnung: Zahlreiche Tier- und Pflanzenarten konnten hier nachgewiesen werden, die auf der Roten Liste der gefährdeten Arten stehen. Nur der südliche Zipfel der Wiese kam für Neubauten infrage. Seit 2002 sind die Wiese und das nördlich angrenzende Waldgebiet Hartelholz als Naturschutzgebiet ausgewiesen und bei der EU als Fauna-Flora-Habitat-Gebiet gemeldet. Menschen, Pflanzen und Tiere haben sich das Gebiet buchstäblich vom Militär zurückerobert. So fühlt sich jedes Jahr in der warmen Jahreszeit auch eine Schafherde auf dem Gelände wohl. Ein Bild der Gegensätze tut sich dabei auf, da nur wenige Hundert Meter weiter im Stadtteil Milbertshofen die großen Geschossbauten stehen. Eine spektakuläre Natur hat die Panzerwiese eher nicht zu bieten. Die Heidelandschaft ist von sogenanntem Magerrasen bewachsen und weitgehend baumlos. Das macht aber gerade ihren Reiz aus. Die riesige Grünfläche weitet den Horizont, löst das oft begrenzte Blickfeld der Großstadt in Weite auf. Wer es üppiger mag, der kann weiter Richtung Norden wandern zum Hartelholz. Das Waldgebiet wird an seiner nördlichen Seite vom Autobahnring begrenzt und ist immer wieder durch offene Flächen unterbrochen, die für einen großen Artenreichtum sorgen. Am Rande der Stadt konnte sich die Natur rund 280 Hektar Lebensraum sichern – und für die Menschen ist es ein Stück Naherholungsraum, ohne dass sie weit ins Umland fahren müssen.

> **TIPP** Von der Panzerwiese aus lässt es sich Richtung Osten zur Fröttmaninger Heide weiterwandern oder -radeln.

> Hartelholz und Panzerwiese, Rose-Pichler-Weg 26, 80937 München
> ÖPNV: U2, Haltestelle Dülferstraße

Ein See – drei Gemeinden

36 *Der Heimstettener See östlich von München*

Umrahmt von hohen Bäumen und damit abgeschieden vom Verkehrslärm liegt der Heimstettener See im Dreieck zwischen drei Gemeinden im Landkreis München – Feldkirchen, Aschheim und Heimstetten, einem Ortsteil von Kirchheim. Wo einst die Reichsbahn Kies abbaute, hinterließ sie ab 1937 ein großes Loch, das sich mit Grundwasser füllte. Es entstand der Heimstettener See, der Ende der 1960er-Jahre zu einer großen Freizeitanlage ausgebaut wurde. Während die Kinder Fußball spielen, die Väter an ausgewiesenen Plätzen den Grill anfeuern und die Mütter gemütlich in der Sonne dösen, zieht es andere ins Wasser, das sich im Sommer durchaus auf über 20 Grad erwärmen kann. Und die Gewässerqualität wird sogar mit dem höchsten Prädikat „ausgezeichnet" bewertet. Der See wird nicht durch Flüsse gespeist, sondern ausschließlich durch Grundwasserquellen. Besonders die Nordseite, die direkt an der Seestraße mit zahlreichen Parkplätzen liegt, ist in den Sommermonaten sehr belebt. Neben einer Gaststätte mit Biergarten gibt es hier Spiel- und Bolzplätze sowie Tischtennisplatten und besonders Grillzonen. Von hier aus ist es auch nicht weit zum S-Bahnhof Feldkirchen, der zu Fuß oder mit dem Fahrrad erreichbar ist. Wer es ruhiger und entspannter mag, kann den See auf einer etwa 1,6 Kilometer langen Strecke umrunden. Bei 69.000 Quadratmeter Grünfläche findet sich sicherlich ein gemütliches Plätzchen, wo sich die Ruhe der Natur genießen lässt. Sogar im Winter – vorausgesetzt, es ist über einen längeren Zeitraum kalt genug – müssen Naturliebhaber nicht auf den See verzichten. Im Nordteil sind Eislaufen und Eisstockschießen, obwohl offiziell nicht erlaubt, durchaus gang und gäbe. Der Heimstettener See ist ein Wohlfühlort für alle, hier kommt jeder auf seine Kosten. Und wer dann immer noch reif ist für die Insel – auch die hat der See zu bieten.

TIPP Wenige Hundert Meter entfernt liegt der Bajuwarenhof, ein archäologisches Freilichtmuseum.

◉ Heimstettener See, Zugang über Seestraße, 85609 Aschheim bei München
◉ ÖPNV: S2, Haltestelle Feldkirchen

Geschichtskunde im Grünen

 37 *Der Erholungspark Südwest in Aschheim*

Aschheim ist ein typischer Wohn- und Gewerbevorort nordöstlich von München, verkehrsgünstig gelegen am Autobahnring. Neben Häusern und Wohnungen haben sich hier zahlreiche größere Betriebe angesiedelt, unter anderem zwei große Möbelhäuser. Weniger bekannt ist, dass die Region im Münchner Osten und seinen Vororten auch reich an grünen Orten und kleinen Seen ist. Neben großen Golfplätzen sind das kleine Badeweiher oder Parkanlagen. Eine von ihnen ist der „Erholungspark Südwest" am Rande von Aschheim Richtung München-Riem. 2009 wurde er eröffnet und bietet auf einer kleinen Fläche viel Abwechslung. Wer es etwas sportlicher mag, findet hier einen Aussichtsturm, der einen Blick ins Weite bietet, aber auch steinerne Zeugnisse aus der Geschichte des Ortes zeigt. Diese sind im gesamten Park immer wieder zu finden und lassen so den Spaziergang zu einer kleinen Geschichtsstunde werden. Das gilt insbesondere für einen Obelisken, der in der Mitte einer großen Wiese steht. Wie auf einer Skala sind – vom Boden an aufsteigend – zahlreiche historische Daten erwähnt, die für die Historie des Ortes und der Region prägend waren. Die Zählung beginnt mit der Steinzeit, erstreckt sich über die Gründung Roms, die Geburt Christi, die Zeit der Bajuwaren, das Mittelalter, die Napoleonische Zeit bis zur Gegenwart. Der Zeitstrahl endet 1990 mit der Wiedervereinigung. Doch auch wer weniger historisch interessiert ist, findet seine Lieblingsstelle. Neben Rad- und Spazierwegen mit vielen Sitzgelegenheiten lädt ein Pavillon an einem kleinen See zum Verweilen ein. Während wenige Kilometer weiter das Leben tobt, finden Besucher hier einen kleinen, aber feinen Ruhepol – ein gemütlicher Ort für einen Ausflug ins Grüne. Etwas geschützt vor der Witterung kann man hier auf einem Steinquader ein gutes Buch lesen oder den Picknickkorb auspacken.

TIPP In Aschheim gibt es ein großes Autokino mit rund 600 Plätzen – ein seltener und spannender Spaß.

🔵 Erholungspark Südwest, Uttastraße/Salzstraße, 85609 Aschheim
🔵 ÖPNV: S2, Haltestelle Feldkirchen (mit längerem Fußweg)

Karibik im Kleinen

38 *Der Moosinninger Weiher bei Erding*

„Karibikweiher" nennt sich der nördliche Teil des Moosinninger Weihers etwas vollmundig, vermutlich aufgrund der hellen Farbe des Wassers, die durch den Kiesabbau entstanden ist. Bei gutem Wetter lässt sich auch am Hauptteil des Weihers mit etwas Fantasie ein wenig Karibik-Flair direkt vor den Toren Münchens erleben. Immerhin hat der Weiher vielen anderen Seen in der Umgebung eines voraus: Er hat an der westlichen Uferseite einen Sandstrand. Da können vor allem die kleinsten Besucher ihre Schaufeln und Förmchen auspacken, Sandburgen bauen oder sich einfach, wie die meisten Erwachsenen, mit dem Badetuch in die Sonne legen. Der Kiosk direkt dahinter versorgt alle Besucher mit Eis oder kühlen Getränken. Im Wasser gibt es sogar einen Nichtschwimmer-Bereich, der besonders flach ist, sodass die Kinder nicht nur am Strand auf ihre Kosten kommen. Für Angler ist der Moosinninger Weiher ebenfalls ein beliebter Treffpunkt. Neben „alten Hasen" sitzen hier auch Vater und Sohn gemeinsam am Ufer und warten, bis endlich ein Fisch anbeißt. Immerhin: Forellen, Zander, Renken und Karpfen darf der Angelfreund erwarten. Doch auch für Naturliebhaber hat der Moosinninger Weiher einiges zu bieten. Lange Spazierwege führen um das Ufer herum, und außerhalb der Badezonen lässt sich – besonders in den Morgenstunden, wenn die Besucher noch nicht da sind – die Stille der Landschaft rund um den See genießen. Durch den dichten Bewuchs findet da nahezu jeder Wanderer ein kleines, gemütliches Plätzchen am Ufer, wo sich die Stille der Natur genießen lässt. Eigentlich besteht der Hauptweiher aus zwei Teilen, die durch einen Zufluss miteinander verbunden sind. Darüber führt eine schmale Brücke, die einen schönen und weiten Panoramablick über den Weiher ermöglicht. Wer statt karibischem Flair lieber die malerische Landschaft des Landschaftsschutzgebietes Erdinger Moos genießen will, kommt hier ebenso auf seine Kosten.

TIPP Wem das Baden im See zu kalt ist – ganz in der Nähe lockt die Therme Erding mit Thermalquellen.

▶ Moosinninger Weiher, Am Gfängbach 14, 85452 Moosinning
▶ ÖPNV: Bus 531, Haltestelle Moosinning, Fehlbachstraße

Idyll am Friedensengel

39 *Die Maximiliansanlagen rechts der Isar*

Die Maximiliansanlagen sind sozusagen die „kleine Schwester" des Englischen Gartens – nicht ganz so bekannt, ein paar Highlights weniger, etwas unscheinbarer. Und genau das macht sie zu einem echten Glücksort. Hier drängen sich am Wochenende nicht die Spaziergänger, Radfahrer und Reiter wie rund um den Chinesischen Turm. Und die Touristen kommen auch meist nur bis zum Friedensengel. Der steht am Ende der Prinzregentenstraße und blickt erhaben über die Landeshauptstadt. Wer hier über die Luitpoldbrücke die Isar überschreitet, kann den Eindruck gewinnen, er sei schon draußen im Grünen. Auf der Prinzregent-Luitpold-Terrasse am Ende der Brücke lässt der meterhohe Springbrunnen bereits Glücksgefühle aufkommen. Ein paar Hundert Meter weiter ist dann vom Rummel rund um den Friedensengel nichts mehr zu spüren. Selbst am Wochenende sind die Maximiliansanlagen nicht überlaufen. Irgendwo ist immer ein schönes Plätzchen unter einem Baum, auf einer Wiese oder einer Bank, wo man entspannt die Beine von sich strecken und sich eine Auszeit vom Rummel der Stadt gönnen kann. Die Anlagen haben für jeden etwas zu bieten. Auf den gepflegten Rasenflächen packen die Kinder ihren Fußball aus, auf den Gehwegen kullern die Boulekugeln – aber erst, nachdem die Spieler mitunter minutenlang Maß genommen haben, wo die Kugel genau hinrollen soll. Und während im „Maximilianeum", dem Bayerischen Landtag, die Politiker streiten und diskutieren, rodeln die Kinder und nicht wenige Eltern direkt hinter dem Gebäude die Hügel hinunter. Dass im weitläufigen Park auch Jogger auf ihre Kosten kommen, versteht sich von selbst. Wem der ganze Sport zu viel wird, der legt sich einfach auf eine der großen Wiesen und lässt sich von den Sonnenstrahlen streicheln. Auch dem „Kini" scheint's zu gefallen. 1967 hat eine Bürgerbewegung dem berühmten bayerischen König Ludwig II. ein Denkmal genau an der Stelle errichtet, an der Gottfried Semper einst ein Festspielhaus bauen wollte.

TIPP Bei den Anlagen steht die Kirche St. Nikolai am Gasteig mit einer reichen spätgotischen Ausstattung.

◗ Maximiliansanlagen, Prinzregentenstraße/Luitpoldbrücke, 80538 München
◗ ÖPNV: Bus 100, Haltestelle Reitmorstraße/Sammlung Schack;
Tram 17, Haltestelle Friedensengel/Villa Stuck

Das Dorf in der Stadt

40 *Stemmerhof und Stemmerwiese im Sendling*

„Raus aufs Dorf" lautet auch bei vielen Münchnern vor allem an den Wochenenden die Devise. Dann rollen kilometerlange Blechkolonnen aus der Stadt, und meistens verbringt man mehr Zeit im Auto als am Zielort. Dabei gibt es dörfliche Idylle auch in München – und nicht nur am Stadtrand, sondern direkt vor dem Zentrum. Am Ende der vierspurigen Lindwurmstraße, auf der sich Autos, Lkws und Busse den Weg aus dem Großstadtdschungel bahnen, gelangt man in den Stadtteil Sendling und würde hier alles Mögliche vermuten, nur keinen Bauernhof. Doch genau an dieser Stelle, im alten Sendlinger Ortskern, steht der Stemmerhof. Bis 1992 war er der letzte Bauernhof mit Milchwirtschaft im engeren Münchner Stadtgebiet. Danach war Schluss mit Heu und Kühen, doch der Bauernhof blieb dem Zugriff der Immobilienhaie verborgen. Heute wird er vielfältig genutzt. Hier gibt es eine bunte und vielseitige Mischung aus kleinen Läden, Ateliers und allerhand Gaumenfreuden mit Bio-Schwerpunkt. Beliebt ist vor allem das Restaurant mit österreichischen Spezialitäten. Die Sonnenterrassen laden zum Entspannen und Verweilen ein. Bei einem leckeren Stück Kuchen aus Bio-Anbau und einer Tasse Kaffee kann man hier einfach die Seele baumeln lassen und Dorfidylle in der Stadt genießen. Besonders die Stemmerwiese hinter dem Bauernhof ist ein beliebtes Ausflugsziel. Wo sonst große Wohnblöcke und riesige Ausfallstraßen das Stadtbild dominieren, ist hier die letzte große Freifläche im alten Sendlinger Ortskern erhalten geblieben. Und die bietet für jeden Besucher ein Stück Freiheit in der Enge der Stadt. Während die Kinder Fußball spielen, liegen Mama und Papa entspannt in der Sonne. Ein paar Meter weiter probieren andere neue Yoga- oder Pilates-Übungen aus. Wer mag, gönnt sich eine Pause auf einer Bank und genießt diese Oase der Ruhe, die den Lärm ringsum zu verschlucken scheint. „München ist ein Dorf", heißt es manchmal spöttisch über die Landeshauptstadt. „Stimmt!", mag man zumindest hier sagen.

TIPP Gleich gegenüber liegt die Neue Margaretenkirche. Sie ist eines der größten Gotteshäuser der Stadt.

Stemmerhof, Plinganserstraße 6, 81369 München
www.stemmerhof.de
ÖPNV: S7, U6, Haltestelle Harras

Einkehr auch für Hunde

41 *Das Mini-Hofbräuhaus im Englischen Garten*

So ein Hundeleben ist oft nicht leicht – auch die Biergärten sind da keine Ausnahme. Während Frauchen oder Herrchen ihre Maß genießen und sich mit den Tischnachbarn fröhlich austauschen, muss der Vierbeiner brav unter der Holzbank liegen und darf allenfalls gelegentlich einen Laut von sich geben. Nicht so im Mini-Hofbräuhaus im Englischen Garten, Treffpunkt für Zwei- wie Vierbeiner. Auf den großen Wiesen ringsum tollen Bernhardiner, Dackel und Co. nach Herzenslust herum – und niemanden stört's. Im Gegenteil: Hunde sind hier nicht nur geduldet, sondern ausdrücklich willkommen. Mensch und Tier genießen im Einklang die idyllische Natur. Schon der Weg von Schwabing kommend lässt den Großstadtdschungel demonstrativ hinter sich. Wer über die urige Holzbrücke den Schwabinger Bach überquert, hört das Plätschern des Wassers und spürt gleich, dass hier die Natur beginnt. Spätestens nach der zweiten Brücke über den Oberstjägermeisterbach sind das Brummen der Motoren und die hupenden Autos verschwunden. Stattdessen zwitschern Vögel, Kinder tollen umher, und ab und zu bellt ein Hund. Hier im Nordteil gehört der Englische Garten noch den Münchnern. Fernab von den Touristenströmen lässt sich die Natur hören und hautnah spüren. Wer den Waldweg ein kleines Stück weiterläuft, stößt schließlich etwas versteckt an eine Holzhütte. Der Duft, den sie verströmt, lässt einem schon das Wasser im Mund zusammenlaufen. Das Mini-Hofbräuhaus lockt mit deftig-bayerischer Küche. Es geht urig und gemütlich zu, die Wirtin ruft in breitem Bayerisch die fertigen Gerichte aus. Bei Schweinsbraten, Brotzeit und frischem Käsekuchen lässt es sich genüsslich schlemmen und genießen. Und wer nach dem guten Essen ein wenig Auslauf braucht – egal, ob auf zwei oder vier Beinen –, der läuft den Waldweg einfach weiter und stößt schließlich ans Isarufer, den Lieblingsort vieler Münchner vor allem im Sommer. Ein echtes Hundeleben kann doch so schön sein …

TIPP Richtung Norden stößt man auf das Amphitheater. Im Sommer gibt's hier Open-Air-Inszenierungen.

▶ **Mini-Hofbräuhaus, Gyßlingstraße 59, 80805 München**
www.minihofbraeuhaus.de/minihb_alt
▶ **ÖPNV: U6, Haltestelle Nordfriedhof; Bus 150, Haltestelle Amsterdamer Straße**

Ausblick ins weite Grün

 42 *Der Aussichtspunkt in der Fröttmaninger Heide*

Vom U-Bahnhof Fröttmaning strömen Zehntausende Fans in die Allianz Arena, wenn der FC Bayern mal wieder zu Hause spielt. Direkt daneben brausen Hunderte Autos und Lkw in der Minute über die Autobahnen. Im ersten Moment erstaunt es, genau hier einen grünen Glücksort zu finden. Doch wer den U-Bahnhof nicht Richtung Arena, sondern auf der anderen Seite verlässt, steht direkt mitten in einer der größten zusammenhängenden Grasheiden Mitteleuropas. Zwar war die Fröttmaninger Heide einst noch viel größer, doch auch was heute noch von ihr übrig ist, lädt zu Erholung und Entschleunigung ein. Gleich hinter dem U-Bahnhof lässt sich auf dem Aussichtspunkt buchstäblich der Horizont erweitern. Der kleine Hügel ist mit wenigen Schritten erklommen und bietet einen unverstellten Ausblick auf die riesige Naturoase. Wer Richtung Westen blickt, schaut tief in die weite Landschaft und kann hier besonders schön den Sonnenuntergang genießen. Enzian und Silberdistel sind nur zwei von über 350 Pflanzenarten, die in diesem Naturschutzgebiet zu Hause sind. Fasane, Turmfalken, Feldlerchen und viele andere Vogelarten fühlen sich hier ebenso wohl. Wer sich über Flora und Fauna informieren will, für den lohnt sich ein Besuch im HeideHaus südlich vom Aussichtspunkt. So idyllisch wie heute ging es nicht immer zu. Über ein Jahrhundert war hier militärisches Übungsgelände. Erst ab den 1970er-Jahren konnte die Natur dieses Gebiet wieder für sich erobern. Wer einen Ort zum Krafttanken sucht, der kommt hier auf seine Kosten. Kilometerlange Spazier- und Radwege durch die karge, aber artenreiche Heidelandschaft, schattige Plätze unter Bäumen und Büschen oder kleine Seen, die zum Verweilen und Ausruhen einladen – wohltuende Orte gibt es in Hülle und Fülle in der Fröttmaninger Heide. Wer die paar Schritte hoch auf den Aussichtspunkt geht, kann spontan entscheiden, wo es ihn hinzieht. Und dass wenige Hundert Meter weiter die Fahrzeuge über den Autobahnring rasen und die Fußballer über den Rasen hechten – all das ist ganz schnell vergessen.

TIPP Gegenüber den Bahngleisen geht es vorbei an der Heilig-Kreuz-Kirche auf den Fröttmaninger Berg.

○ Aussichtspunkt in der Fröttmaninger Heide, Admiralbogen, 80939 München
www.heideflaechenverein.de
○ ÖPNV: U6, Haltestelle Fröttmaning

Urlaub vor der Haustür

43 Der Karlsfelder See

Viele Badeseen in und um München haben eine Entstehungsgeschichte, die wenig mit Natur und Erholung zu tun hat – und doch sind sie mit der Zeit zu Oasen für Sonnenhungrige und Wasserratten geworden. Das gilt auch für den Karlsfelder See. Mal wieder wurden Unmengen an Kies benötigt – diesmal 1939 kurz vor Kriegsbeginn zum Bau eines nahe gelegenen Rangierbahnhofs. Die Bauarbeiten kamen zum Erliegen, die Grube war nur halb ausgebaggert, und allmählich sickerte immer mehr Grundwasser ein. An Schwimmen war jedoch nach dem Krieg noch lange nicht zu denken: Die Amerikaner nutzten das Gelände bis 1968 als Übungsfläche für Schwimmpanzer. Erst ab den 1970er-Jahren wurde das Gebiet, das einst für militärische Zwecke ausgebaggert wurde, von Badegästen angesteuert.

Und ihnen wird mittlerweile einiges geboten: fast fünf Kilometer Wander- und Radwege, unzählige Sportmöglichkeiten wie Beachvolleyballfelder, Tischtennisplatten, Bocciabahnen, ein Fitness-Parcours, Tennisplätze und vieles mehr. Um das gesamte Ufer ist ein Rundweg angelegt, der an Grill- und Kinderspielplätzen vorbeiführt. Neben der obligatorischen, 17 Hektar großen Liegewiese gibt es für das leibliche Wohl zwei Gasthäuser mit Biergärten. Spielt das Wetter mal nicht mit, liegt am südlichen Ende das Karlsfelder Hallenbad, in dem der Badespaß weitergehen kann.

TIPP **Westlich des Sees befindet sich ein Aussichtspunkt. Die Abraumhalde liegt auf über 500 Metern.**

Mit 940 Meter Länge ist der See groß genug, dass sich sportlich Aktive und Ruhesuchende nicht in die Quere kommen. Die Gegend ist fast schon ein kleines Urlaubsparadies vor den Toren Münchens, so vielseitig sind hier die Freizeitangebote. Wer einfach einen Ort sucht, an dem er die Seele baumeln lassen und den Alltag vergessen kann, der wird auch hier seinen Lieblingsplatz finden.

Karlsfelder See, Hochstraße, 85757 Karlsfeld
ÖPNV: Bus 701, 702, 710, 712, Haltestelle Karlsfeld/Hallenbad

Natürlich gesund werden

44 Innenhof der Frauenklinik in der Maistraße

Ein Krankenhaus als grüner Glücksort? Da denken die meisten an sterile Beton-Architektur, lange Flure und wenig Einladendes. Nicht so die Frauenklinik des Universitätsklinikums in der Maistraße. 1916 erbaut, versprüht sie bis heute einen ganz besonderen Charme, der seinesgleichen sucht. Die Säulen und Treppenaufgänge wurden im Stil des Spätbarocks gestaltet, und wer hier hinaufschreitet, hat zuweilen das Gefühl, statt eines Krankenhauses ein Schloss zu betreten. Die Bibliothek ist eine ganz besondere Perle. Mit ihren Stuckdecken, den goldenen Leuchtern und alten Bücherschränken wird selbst stupides Pauken zu einem besonderen Erlebnis. Auch der Jugendstil-Hörsaal mit seiner Marmorverkleidung, den Mosaiken und der gläsernen Decke lässt einen manch langweilige Vorlesung leichter überstehen. Doch nicht nur die angehenden Mediziner, sondern auch die Patientinnen können das besondere Flair dieses altehrwürdigen Gebäudes spüren, wenn sie in einem denkmalgeschützten Kreißsaal ihr Kind zur Welt bringen – sofern sie in den Wehen liegend von der Atmosphäre überhaupt etwas mitbekommen.

TIPP **Auf dem Gelände gibt es auch eine schöne Kapelle, in der beide Konfessionen Gottesdienste feiern.**

Wenn das Kind dann erst mal auf der Welt ist, spazieren Mütter mit ihren Neugeborenen womöglich durch den wunderschönen Innenhof der Frauenklinik. Die säuberlich gestutzten Buchsbaumhecken mit ihren klaren Linien erinnern eher an einen barocken Schlossgarten, und unter den Mandelbäumen lässt sich überall ein schattiges Plätzchen auf einer der vielen Bänke finden. Der Muschelkalkbrunnen in der Mitte des Gartens sorgt nicht nur bei den Gartenbesuchern für kühle Erfrischung. Über ein unterirdisches Leitungssystem wurden damit einst auch die Hörsäle gekühlt. Das ist zwar heute nicht mehr nötig, aber es zeigt doch – wie das gesamte Gebäude – die Verbindung zwischen schöner Architektur und praktischem Nutzen. Leider ist damit bald Schluss – die Frauenklinik zieht in einen Neubau. Er liegt zwar direkt am Nußbaumpark, aber der ist nicht mal halb so schön wie der Innenhof der Frauenklinik.

▶ **Frauenklinik Maistraße, Maistraße 11, 80337 München**
www.klinikum.uni-muenchen.de
▶ **ÖPNV: U1, U2, U3, U6, Haltestelle Sendlinger Tor**

Gärtnern aus Leidenschaft

45 *Der Gemeinschaftsgarten „O'pflanzt is"*

Wo im Olympiapark die Menschen Entspannung und Ruhe suchen, wird anderswo kräftig Hand angelegt. Unter dem Motto „O'pflanzt is" liegt – etwas versteckt hinter der Montessori-Schule – ein Gemeinschaftsgarten. Da ragen Kartoffeltürme in die Höhe, und auf einer Kräuterspirale steigt einem schon der würzige Duft verschiedener Gartenkräuter in die Nase. Auf den Beeten ringsum gedeihen mehrere Tomatensorten, Gurken, Radieschen, Feldsalat und vieles mehr. Und jeder, der mitmachen will, darf gerne die Ärmel hochkrempeln und mit anfassen. Denn „O'pflanzt is" ist für alle zugänglich. Es gibt zwar einen Verein, aber der besteht vor allem aus dem „harten Kern", der die Arbeiten koordiniert. Vereinsmeierei oder Schrebergarten-Mentalität liegen den Initiatoren völlig fern. „Jeder ist willkommen, der mitgärtnern will", erzählt Mitinitiatorin Almut Schenk. Jederzeit steht das Gelände offen. Das Tor ist nicht abgeschlossen, doch gestohlen wurde bisher nichts. Im Gegenteil – viele Menschen bringen Pflanzen oder Gartengeräte vorbei. Gemeinschaftsgärten liegen seit einigen Jahren im Trend, „weil man rauswill", wie Almut Schenk erzählt. Der kleine Pflanzenkübel auf dem heimischen Balkon genügt vielen Großstädtern nicht mehr. So ist der Trend zu Ökologie und Natur hier konkret mit den Händen zu greifen – und alles bio, versteht sich. Vielen Hobbygärtnern gefalle die Idee, „dass man Raum gestalten darf". Und der nimmt auf dem Gelände im Olympiapark langsam Gestalt an. Spaten, Harken und Co. stehen in einem alten Bauwagen, der an Peter Lustigs „Löwenzahn" erinnert. Gegenüber entsteht aus großen Holzbrettern eine kleine Bar, davor stehen Obst- und Gemüsekisten als Sitzgelegenheit. Alles wirkt ein wenig unfertig, aber dennoch zielgerichtet. Das gibt dem Gemeinschaftsgarten einen urigen, gemütlichen Charme. Das meiste, was hier geerntet wird, ist für den Eigenverbrauch bestimmt. Es geht nicht um Profit, sondern Spaß und Gemeinschaft stehen im Vordergrund.

TIPP Gleich hinter dem Garten beginnt das Olympiagelände mit zahlreichen Freizeitmöglichkeiten.

▶ „O'pflanzt is", Willi-Gebhardt-Ufer 32, 80809 München
▶ ÖPNV: Tram 20, 21, Haltestelle Olympiapark West; Bus 144, Haltestelle Olympiaberg

96

Schulbank unter Bäumen

46 *Das Ökologische Bildungszentrum München*

„Bildungszentrum", das klingt nach muffigen Unterrichtsräumen, Schulbank und Frontalunterricht. Nicht so im ÖBZ, dem Ökologischen Bildungszentrum an der Englschalkinger Straße. Hier wird auf der Gartenbank statt auf der Schulbank Platz genommen, jeder kann reinschauen und mitmachen. Vor 20 Jahren hat alles angefangen: Das Münchner Umweltzentrum wünschte sich eine Umweltbildungsstation und wurde auf einem ehemaligen Bauernhof in Bogenhausen fündig. In dem rund 6,5 Hektar großen Grünzug engagieren sich seitdem zahlreiche Freiwillige. Sie legen Streuobstwiesen an, auf denen Äpfel, Birnen, Zwetschgen oder Walnüsse gedeihen. Sie probieren sich aus im experimentellen Gärtnern, alles unter streng ökologischen Vorgaben. So sind zahlreiche Themengärten entstanden, unter anderem mit Beeren, Gemüse oder Heilpflanzen. Wer hier mitmacht, für den stehen die Gemeinschaft und die Freude an der biologischen Vielfalt im Vordergrund. Der Ertrag ist nachrangig, in der Regel reicht es höchstens für den Eigenverbrauch. Wer hier Hand anlegen will, ist herzlich willkommen. Vorkenntnisse sind nicht erforderlich, nur der Spaß am Gärtnern. Alles wird gemeinsam geplant und umgesetzt, Parzellen werden nicht privat vermietet. Aber einfach nur Reinschauen und Genießen ist ebenfalls kein Problem. Die Gärten stehen offen, jeder kann sie betreten und sich an der bunten Farbenpracht erfreuen, wenn die Sträucher und Pflanzen in der Blüte stehen. In jedem Garten gibt es etwas Neues zu entdecken, jeder hat sein eigenes Thema. Wer mehr wissen möchte, kann sich eine App herunterladen und eine „Lauschtour" durch die Gärten starten, bei der viele Themen erklärt werden. Oder man belegt gleich einen der Kurse und Workshops, die über die Münchner Volkshochschule vor Ort angeboten werden. Andere Besucher erfreuen sich einfach an diesem besonderen Fleckchen Natur, und auf die Kinder wartet ein großer Abenteuerspielplatz. Vielleicht wird bei manchem Gast die Neugierde für ökologische Fragen geweckt.

TIPP **Immer am letzten Sonntag im September gibt es den „Erntetag" mit vielen Veranstaltungen.**

◉ Ökologisches Bildungszentrum, Englschalkinger Straße 166, 81927 München
www.oebz.de
◉ ÖPNV: U4, Haltestelle Arabellapark; Tram 16, 17, Haltestelle Cosimabad

Der geerdete Flughafen

47 Riemer Park und Riemer See

Im Mai 1992 ging in München-Riem eine Ära zu Ende. Der Flughafen, der seit Jahrzehnten schon aus allen Nähten platzte, zog über Nacht ins Erdinger Moos an seinen neuen Standort. Nachdem ein paar Jahre lang die Rave- und Techno-Fans ihre Heimat auf den alten Rollfeldern fanden, kamen schließlich die Bagger, um etwas ganz Neues zu schaffen. Ab 1997 entstand die „Messestadt Riem" mit Kongresszentrum, Messehallen, einem riesigen Einkaufszentrum, modernen Wohnquartieren und einem riesigen Parkgelände. Der „Riemer Park" wurde vor allem durch die Bundesgartenschau 2005 bekannt. Seine riesigen Grünflächen, die durch schier endlose Wege miteinander verbunden sind, lassen keine Wünsche offen, wenn es um Freizeitgestaltung geht. Mit dem Rodel- und dem BUGA-Hügel sind sogar zwei kleine Erhebungen entstanden, die mit dem Abbruchmaterial des Flughafens aufgeschüttet wurden. Und für Waldfreunde beginnt gleich dahinter der Riemer Wald, der zeitgleich als ökologische Ausgleichsfläche entstand. Das große Highlight in der Messestadt ist aber der Riemer See. Je nachdem, von welcher Seite man sich ihm nähert, bietet er abwechselnd eine urbane Seepromenade, Sandstrand, Liegewiesen bis ans Ufer oder naturbelassene Stellen mit einem Röhrichtgürtel. Wer hier an einem heißen Sommertag Abkühlung sucht, kommt voll auf seine Kosten. Viele liegen entspannt in der Sonne oder unter einem Schatten spendenden Baum, andere spielen Ball, Fahrräder sind an der Promenade abgestellt … Am liebsten möchte man sich gleich die Kleider vom Leib reißen, in den See springen oder einfach am Ufer relaxen. Überall gibt es schöne Plätzchen, je nach Geschmack lieber im Gras oder am Kiesstrand, auf dem Holzsteg oder in naturnahen Bereichen. Wer dort entlangschlendert, dem steigt der Geruch von Wasserpflanzen in die Nase, und das lässt einen sofort glauben, man sei irgendwo am Meer. Der Riemer See ist Urlaubsfeeling pur – und man fragt sich unweigerlich: Wozu noch verreisen? Raus in die Messestadt!

TIPP Südlich des Sees liegt der „Ort der Besinnung", ein kreisförmiger Platz für alle Weltreligionen.

○ Riemer Park, 81829 München (Eingang über die Willy-Brandt-Allee)
○ ÖPNV: U2, Haltestelle Messestadt West oder Messestadt Ost

Neuland für Schafe

48 *Der Dachgarten Werk3 im Werksviertel-Mitte*

Wo bis in die 1990er–Jahre hinein direkt hinter dem Ostbahnhof Schmieröle produziert wurden und ein großes Lebensmittelunternehmen seine Fertigprodukte herstellte, entsteht seit einigen Jahren ein ganz neues Stadtquartier, das „Werksviertel". In den modernen Glasbauten kommen Unternehmen aus der Medienbranche, Hotels, Privatwohnungen und zahlreiche Lokale unter. Herzstück des Werksviertels-Mitte, eines Kreativquartiers mit Büros und Gastronomie und besonderem Augenmerk auf Nachhaltigkeit, ist das Werk3, in dem früher die Firma Pfanni ihre Kartoffelpuffer brutzelte. Für die Neubauten musste eine Ausgleichsfläche her – und die entstand kurzerhand auf dem Dach. Auf rund 2500 Quadratmetern ist die Dachfläche begrünt – und neben Hasen, Hühnern und mehreren Bienenvölkern lebt hier auch eine kleine Herde Walliser Schwarznasenschafe. Die fühlen sich hoch oben über den Dächern Münchens offenbar sehr wohl. Die Winter sind in ihrer Heimat, dem schweizerischen Wallis, ohnehin viel strenger. Nur an die heißen Münchner Sommer der letzten Jahre müssen sie sich noch ge-

TIPP *Das Werksviertel-Mitte bietet neben viel Gastronomie auch regelmäßig Events.*

wöhnen. Die friedlichen Tiere grasen seelenruhig auf dem Dach und stören sich rein gar nicht an der Höhe. Der Rasen wird dabei durch eine unterirdische Anlage bewässert – und der Erdboden ist so nährstoffreich, dass mittlerweile neben den Kräutern und Blumen sogar ein paar kleine Apfelbäume auf dem Dach gedeihen. Mehr als acht Schafe dürfen es aber nicht sein, sonst wäre die Rasenfläche zu klein. Besichtigen kann man die Schafe in ihrem „Penthouse" nach vorheriger Absprache. Für Kinder und Jugendliche gibt es die Almschule, die in der kleinen Holzhütte auf dem Dach den Gedanken der Nachhaltigkeit in den Bereichen Ernährung, Bewegung, Landwirtschaft und Handwerk vermitteln will. Ein Stück Natur mitten in der Stadt auf einem renovierten Fabrikdach – vielleicht ist das ein nachhaltiges Konzept, um mehr Grün in die Städte zu holen. Eine Attraktion sind die Schafe auf dem Dach des Werk3 auf jeden Fall.

> Werk3, Atelierstraße 10–18, 81671 München
> www.werksviertel-mitte.de
> ÖPNV: S-Bahn-Stammstrecke oder U5, Haltestelle Ostbahnhof

Bunt statt grau

 49 *Grüne Bürgersteige im Westend*

Tulbeckstraße, Münchner Westend. Haus an Haus reiht sich hier aneinander, grüne Ecken sind meistens Fehlanzeige. Gleich mehrere Nachbarn wollten daran etwas ändern – und haben die Initiative ergriffen. In Zusammenarbeit mit dem Verein „GreenCity" haben sie vor ihren Häusern die Grünstreifen am Bürgersteig in Angriff genommen. Entstanden sind kleine, aber feine Beete, die ein wenig Grün in die Stadt bringen. Ein „trauriger Streifen" sei die Fläche vorher gewesen, erzählt die Anwohnerin Maria Over, die vor rund drei Jahren eines der Beete angelegt hat und seitdem betreut. Glockenblümchen blühen jetzt dort, außerdem Sonnenhüte und Tränende Herzen. Auch Himbeeren wachsen hier. „Die Schulkinder pflücken sie gerne ab", erzählt Maria Over. Die Pflanzen stellt das Münchner Grünflächenamt über GreenCity zur Verfügung. Die Fachleute stehen den Anwohnern dort auch mit Tipps und Tricks zur Seite. Nur pflegen müssen sie „ihre" Beete selbst. Maria Over investiert jede Woche ein paar Stunden, entfernt Unrat und Kippen aus den Beeten. In den heißen Sommern habe sie schon „große Gießkannen ge-

 TIPP

Sehenswert in der Nähe ist auch der Nymphenbrunnen am Gollierplatz.

schleppt", doch die Mühe lohnt sich. Immer wieder kämen Leute und freuten sich über das viele Grün. Und die Anwohnerin ist nicht allein geblieben. Ein paar Häuser weiter auf der anderen Straßenseite hat die Kita „Schwanthaler Flöhe" ebenfalls ein Bordstein-Beet zur Pflege übernommen. Vor zwei Jahren hat sich eine Elterninitiative gegründet, die erst mal den Boden aufgelockert hat, berichtet Erzieherin Christina Färber. Schon bei der Erstbepflanzung haben viele Hortkinder fleißig mitgeholfen. Seitdem gedeihen hier Kräuter, Beeren und ein wenig Obst, aber natürlich auch viele bunte Blumen. „Das ist ein ganz lebendiges Beet geworden", meint die Erzieherin. Kleine Zäune und Hinkelsteine grenzen die Fläche ab. Die Hortkinder haben jedenfalls ihre Freude daran. „Eigentlich wäre es schön, wenn ein ganzer Straßenzug mitmachen würde", sagt Christina Färber. „Das ändert das ganze Straßenbild."

○ GreenCity Westend, Tulbeckstraße, 80339 München
www.greencity.de
○ ÖPNV: U4, U5, Haltestelle Schwanthalerhöhe

Top auch ohne Starkbier

50 *Nockherberg und Kronepark in der Au*

Jedes Jahr ist es ein Schauspiel, das für reichlich Furore auch über Bayern hinaus sorgt: Während der Fastenzeit vor Ostern lädt der Salvator-Ausschank der Paulaner Brauerei zum Starkbierfest. Beim Auftakt, der sogenannten Starkbierprobe, ziehen Politiker aus Bund und Freistaat auf den Nockherberg zum „Derblecken", bei dem die Volksvertreter bei einem Singspiel und einer Fastenpredigt gehörig aufs Korn genommen werden. Berühmtheiten wie Walter Sedlmayr, Bruno Jonas und Django Asül sind hier schon aufgetreten. Oft wird der „Nockherberg" synonym mit diesem Spektakel verbunden, doch er kennt auch seine ganz anderen Seiten. Wenn die Bierseligkeit wieder vorbei ist, haben Spaziergänger, Radfahrer und spielende Kinder den Hügel für sich alleine. Von diesem Punkt aus, einem der höchsten rund um die Innenstadt, können Besucher so manches Münchner Bauwerk zwischen den hohen Bäumen erspähen. In der sonst meist flachen Landeshauptstadt bietet der „Berg" wenigstens einen kleinen Anstieg, den man in der Regel problemlos bewältigen kann. Mehrere Wege führen auf den Hügel, der bis vor wenigen Jahren ganz im Zeichen einer bekannten Münchner Biermarke stand. Mittlerweile ist die Brauerei an den westlichen Stadtrand nach Langwied umgezogen, aber der Brauereiausschank ist geblieben und lädt zu einer kleinen Rast ein. Südlich des Hügels schließt sich der rund zwei Hektar große Kronepark an, wo einst die Inhaber-Familie des Circus Krone eine Villa besessen hat. Wer den kleinen Anstieg auf den Nockherberg bewältigt hat, kann hier auf einem weitgehend flachen Gelände wieder ein wenig ausruhen und den Blick über die Stadt genießen. Liegewiesen, ein Kinderspielplatz, Bänke und Tische zum Hinsetzen und Picknicken und sogar eine Wasserpumpe für heiße Tage machen ihn zu einem beliebten Ausflugsziel. Inmitten einer verkehrsreichen Lage bilden der Nockherberg und der Kronepark eine kleine, aber feine grüne Oase mitten in der Stadt.

TIPP Immer in nördliche Richtung den Auer Mühlbach entlang geht es bis zum „Friedensengel" an der Isar.

○ Am Nockherberg, 81541 München, Stadtteil Au
○ ÖPNV: Tram 15, 25, Haltestelle Ostfriedhof

Die Urgewalt des Wassers

51 *Der Wittelsbacher Brunnen am Lenbachplatz*

Wasser ist eine der Urgewalten der Natur. Um sie zu erleben, zieht es Menschen an reißende Flüsse, Wasserfälle – oder an den Wittelsbacher Brunnen am Lenbachplatz, direkt hinter dem Stachus. Die monumentale Brunnenanlage entstand 1893–95 im Stil des Klassizismus und ist eine Allegorie auf die Urkräfte des Wassers. Mit der dahinterliegenden Parkanlage lässt sich hier die Macht des kühlen Nasses mitten im Herzen Münchens auf besondere Weise spüren. Der Brunnen imponiert bereits durch sein 25 Meter breites Hauptbecken, das von einer riesigen Wasserschale überragt wird, aus der unablässig Wasser hinabrinnt. Links und rechts des Hauptbeckens erheben sich zwei riesige Marmorfiguren. Die linke zeigt einen Jüngling, der auf einem Wasserpferd reitet und einen Felsbrocken in der Hand hält, den er gerade werfen will. Die Figur symbolisiert die gewaltige Kraft des Wassers, eine Anspielung auf die reißenden Gebirgsbäche. Die rechte Figur zeigt eine Amazone. Sie reicht dem Betrachter eine Schale mit Wasser. Diese Figur versinnbildlicht die erfrischende und heilbringende Kraft des Wassers für die Menschen.

TIPP Der Brunnen ist insbesondere am Abend sehr stimmungsvoll beleuchtet – und dann ist es auch ruhiger.

Wer im engen und stickigen Häusermeer der Münchner Innenstadt das Gefühl hat, scheinbar durch eine Wüste zu wandern, findet somit am Wittelsbacher Brunnen eine Erholung der besonderen Art. Schon der Anblick des Wassers spendet Erfrischung und Abkühlung. Die kleine, gemütliche Parkanlage hinter dem Brunnen lädt zum Verweilen und Entspannen oder zum Sport ein: Pilates, Yoga oder Gymnastik lassen sich hier mitten in der Stadt von Bäumen umringt prima ausüben. Tagsüber ist es ringsum zwar ein wenig laut, aber beim Betrachten der imposanten Architektur lässt sich der Innenstadtverkehr durchaus vergessen. Und der Wittelsbacher Brunnen tut sein Übriges: Er ruft uns dazu auf, eins zu werden mit dem „Element" Wasser, und schafft so einen Raum für das Natürliche, das Ursprüngliche – und das mitten im Großstadtdschungel.

> ⊙ Wittelsbacher Brunnen, Lenbachplatz (direkt hinter dem Karlsplatz/Stachus), 80333 München
> ⊙ ÖPNV: S-Bahn (Stammstrecke), Haltestelle Stachus, Ausgang Lenbachplatz

Inspiration für den Geist

 Yoga an der Alten Pinakothek

Yoga ist mehr als körperliche Übungen. Es ist eine Philosophie, die auch Geist und Seele ansprechen und mit dem Körper in Gleichklang bringen soll. Da sich das in einer stickigen Trainingshalle nur schwer erreichen lässt, zieht es viele Menschen hinaus ins Freie. Yoga im Grünen erfreut sich wachsender Beliebtheit, und Münchens zahlreiche Grünanlagen laden dazu ein, die Yogamatte in einem Park, an einem See oder im Wald auszurollen. Unzählige Schulen bieten in München Yoga im Freien an, unter anderem im Englischen Garten, im Südpark oder im Luitpoldpark. Ein besonders inspirierender Ort, um Yoga im Grünen zu praktizieren, ist die große Wiese hinter der Alten Pinakothek. Wo im Inneren des prunkvollen Klenze-Baus aus dem 19. Jahrhundert eine der größten Kunstsammlungen der Welt mit Werken europäischer Malerei vom 14. bis 18. Jahrhundert präsentiert wird, da lässt sich die Philosophie des Yoga ideal umsetzen. Denn hier ist ein Ort, der den Geist inspiriert, der tiefe Einblicke in das künstlerische Schaffen großer Meister wie Rubens, Dürer oder Raffael gibt. Das ganze Kunstareal rund um den Königsplatz

TIPP *Zum Areal gehört die eher unbekannte Sammlung Schack mit deutschen Gemälden des 19. Jahrhunderts.*

mit Alter und Neuer Pinakothek (Letztere wird voraussichtlich bis 2025 saniert, aber ein Teil der Bestände ist ausgelagert), der Pinakothek der Moderne und dem Museum Brandhorst ist mit seinen unzähligen Kunstschätzen und Meisterwerken ein Spiegelbild dessen, was der menschliche Geist zu leisten vermag. Wo sonst kann die Yoga-Philosophie so unmittelbar erfahren werden wie auf diesem Areal? Und niemand braucht Sorge zu haben, dass es womöglich als störend empfunden würde, hier die Yogamatte auszubreiten. Im Gegenteil: Gerade in den Sommermonaten sind die großen Rasenflächen rund um die Pinakotheken voll mit Menschen, die hier gemütlich in der Sonne dösen. Insbesondere Studenten der benachbarten Hochschulen trifft man häufig. Wer Yoga lieber in der Gruppe praktiziert, der findet auch vor der Alten Pinakothek ein – allerdings kostenpflichtiges – Trainingsangebot.

Alte Pinakothek, Barer Straße 27, 80799 München, Stadtteil Maxvorstadt
ÖPNV: U2, Haltestelle Theresienstraße

Kindheitsträume

53 *Das Baumhaus am Neuhofener Berg*

Wer hat als Kind nicht von einem echten Baumhaus geträumt? Im Schatten der Baumkronen sein eigenes Reich zu haben, unbeobachtet hinter den schützenden Blättern und Zweigen zu sitzen und schon von Weitem sehen zu können, wer gerade kommt? Und manchmal träumen wir doch auch als Erwachsene von so einem Baumhaus, in das wir uns verkriechen und dabei die Aussicht genießen können ... Ein solches Baumhaus gibt es im Münchner Stadtteil Sendling am Neuhofener Berg. Über eine kleine Brücke zu erreichen, ist es auch für Kinderwägen oder kleinere Rollstühle zugänglich. Wer zwischen den Holzlatten hindurchblinzelt oder durch eines der beiden „Fenster" blickt, die allerdings nicht verglast sind, dem eröffnet sich eine schöne Aussicht auf den Münchner Süden und auch spontan neue Einsichten und Einblicke, andere Perspektiven und Sichtweisen. So ein Baumhaus auf dem Hügel macht nicht nur Spaß, es kann auch ein geistiger Rückzugsort sein, der uns neue Blicke und Horizonte aufzeigt. Das Baumhaus liegt zudem inmitten einer großen Parkanlage am linken Hochufer der Isar. Obwohl die Grünanlage vom

TIPP Am höchsten Punkt lädt ein Rundpavillon mit Brunnen zu einer Atempause ein.

Mittleren Ring und der vierspurigen Plinganserstraße umschlossen wird, ist vom Verkehrslärm kaum etwas zu hören. Der Neuhofener Berg blickt zudem auf eine interessante Geschichte zurück: Ende des 17. Jahrhunderts wurde die Ortschaft Neuhofen erstmals urkundlich erwähnt. Bis 1840 war sie der Sitz eines Adelsgeschlechts mit barocken Gartenanlagen. Die sind zwar nicht mehr erhalten, aber dafür kann sich heute jedermann an dieser idyllischen Grünanlage erfreuen, die einen wunderbaren Blick auf die Stadt bietet. Nach dem Zweiten Weltkrieg ist der Neuhofener Berg noch ein Stück höher geworden. Bis zu zweieinhalb Millionen Kubikmeter Schutt aus Kriegstrümmern wurden hier aufgeschüttet. Am höchsten Punkt erinnert eine Bodenplatte an die Opfer des Krieges. So vermittelt dieser Erholungsort nicht nur Zufriedenheit und Lebensfreude, sondern mahnt auch zum Frieden.

● **Baumhaus am Neuhofener Berg, 81371 München**
● **ÖPNV: S7, S20, Haltestelle Mittersendling**

Wiese hinter der „Wies'n"

 54 *Der Bavariapark an der Theresienwiese*

Wenn es auf den Herbst zugeht, rücken auf der Münchner Theresienwiese wieder Tausende Handwerker an, um für das größte Volksfest der Welt aufzubauen – das Oktoberfest oder, wie man in München sagt, die Wies'n. Dann ist es auf der Theresienwiese monatelang laut und ungemütlich. Doch nur wenige Hundert Meter weiter kommen Naturliebhaber wieder ganz auf ihre Kosten. Hinter der monumentalen Bavaria-Statue und der Ruhmeshalle liegt, etwas abseits, der Bavariapark. Insbesondere seit dem Umzug der Messe nach Riem wurde das Gelände neu geplant und ist seit einigen Jahren für die Öffentlichkeit wieder voll zugänglich. Um 2007 gestaltete die Stadt München den Park nochmals um und pflanzte dabei gut 500 Sträucher und 36 Bäume neu. Seitdem hat der Bavariapark sein heutiges Gesicht – und das kann sich sehen lassen. In der Mitte des Parks liegt eine riesige Rasenfläche. Sie ist so groß, dass jeder seine Ecke findet, in der er seinen Vorlieben nachgehen kann. Ob Ballspielen, Pilates oder Yoga, ob Rumliegen in der Sonne oder ein Picknick – hier kommt jeder auf seine Kosten. Drum herum führen Rundwege unter hohen Bäumen hindurch, die sich Spaziergänger, Jogger und Radfahrer miteinander teilen. Auch viele seltene Tierarten fühlen sich im Bavariapark wohl. Er gilt trotz seiner Innenstadtlage als Biotop, vor allem aufgrund der zahlreichen alten Bäume, unter deren Schutz viele Tiere ein Zuhause gefunden haben.

TIPP Zahlreiche Skulpturen zieren den Park, darunter der bekannte Bronzehirsch von Theodor Georgii.

Immer wieder trifft man auch auf Schulklassen, die hier Naturkundeunterricht sozusagen „am lebenden Objekt" genießen können. Doch für die meisten Besucher ist der Bavariapark einfach ein Ruhepol mitten in der Stadt zwischen dem verkehrsreichen Mittleren Ring, der Theresienwiese und der Innenstadt. Der bayerische König Ludwig I., der den Park zwischen 1825 und 1831 anlegen ließ, hatte offenbar nicht nur einen Sinn für Architektur, sondern auch für die Schönheit der Natur.

▶ Bavariapark, 80339 München, direkt hinter der Theresienwiese
▶ ÖPNV: U4, U5, Haltestelle Schwanthalerhöhe

Vielseitiger Hügel

55 *Die Aubinger Lohe*

Am westlichen Stadtrand von München, wo zwischen Aubing und Lochhausen die Großstadt schon fast dörflichen Charakter hat, liegt ein rund 25 Meter hoher Hügel, dessen Umgebung nahezu alles zu bieten hat, was ein Naherholungsgebiet braucht: Spazier- und Radwege, zwei Seen, kleine Bäche, Wald- und Wiesenflächen sowie eine tolle Aussicht. Die Aubinger Lohe ist Teil des Münchner Grüngürtels und wird von zwei S-Bahnstrecken sowie dem Autobahnring umrahmt. Daher ist sie mit allen erdenklichen Verkehrsmitteln, auch per Rad, gut erreichbar. Doch von dem regen Verkehr ist hier rein gar nichts zu spüren – im Gegenteil: Unmittelbar angrenzend liegen Wiesen, Felder und Wälder. Die Aubinger Lohe ist Erholung pur direkt auf Münchner Stadtgebiet. Von den beiden Weihern soll der größere zum Naherholungsgebiet und zum Badesee ausgebaut werden. Der kleinere See lädt zum Ausruhen und Entspannen am Ufer ein. Sich gegen einen Baum lehnen, den Blick über die üppige Landschaft schweifen lassen oder einfach die Augen schließen und ein bisschen träumen – hier ist das alles möglich. Das Ufer ist teils dicht bewachsen, sodass jeder Besucher sein lauschiges Plätzchen suchen und ganz für sich sein kann. Aber auch jenen, die es aus sportlichen Gründen ins Grüne zieht, hat die Aubinger Lohe einiges zu bieten. Im Winter ist sie ein beliebter Rodelhügel, ansonsten können Jogger und Radfahrer hier ihre Runden ziehen. Die zahlreichen Wiesen laden zu Ballspielen oder Gymnastik ein, außerdem gibt es mehrere Trimm-dich-Stationen. An den Geräten kann so ziemlich jede Körperregion ausgiebig trainiert werden. Dazu gibt es Schautafeln mit Anleitungen, damit die Übungen auch gelingen. Aufgrund ihrer günstigen Lage ist die Aubinger Lohe ebenso als Zwischenstopp zum Beispiel bei einer Tagestour zu Fuß oder per Rad gut geeignet. Ein Picknick auf der Wiese, die Füße im Wasser kühlen, ausruhen an einem gemütlichen Plätzchen – der Fantasie sind keine Grenzen gesetzt.

TIPP Aubings schöner alter Dorfkern ist einen Abstecher wert.

● Aubinger Lohe, Zugang über die Federseestraße/Ziegeleistraße, 81249 München
● ÖPNV: S3, Haltestelle Lochhausen; S4, Haltestelle Aubing

Wasserspaß dank Straßenbau

56 *Der Waldschwaigsee bei Karlsfeld*

Ein kleiner, ruhiger See mit einer Insel, umgeben von einer weiten grünen Landschaft – das gibt es nördlich von München im Dachauer Moos. Der Waldschwaigsee gehört zu Karlsfeld, ist aber von Gröbenried (Gemeinde Bergkirchen) aus erreichbar. Dass hier heute Vögel nisten, Fische aufgezogen werden und Menschen von Jung bis Alt in den Sommermonaten das kühle Wasser und die unzähligen Grünstreifen zum Sonnenbaden genießen, ist ausgerechnet dem Straßenbau zu verdanken. Nördlich des Sees verläuft die teils vierspurige Bundesstraße 471 – und für deren Bau wurden große Mengen an Kies benötigt. Ab 1971 rollten die Bagger an und hinterließen eine riesige Grube, die sich schon bald mit Grund- und Niederschlagswasser füllte. Die Erdmassen, die dem Kiesabbau im Weg waren, wurden auf einen großen Haufen zusammengeschoben. Durch ihn entstand die romantische Insel, die schnell unter Landschaftsschutz gestellt wurde. Auf ihr brüten unter anderem Wildgänse, sodass Besucher die Insel nicht betreten dürfen. Aber auch Angelfreunde kommen am Waldschwaigsee auf ihre Kosten. Der Karlsfelder Fischerverein betreibt hier eine Zucht, und alljährlich kämpfen die besten Angler um den Titel des „Karlsfelder Fischerkönigs". Die meisten Besucher interessieren sich weniger für Wettkämpfe. Sie genießen die naturbelassene Landschaft des Dachauer Mooses, das Teil des Münchner Grüngürtels ist. Für sportliche Schwimmer, Familien mit Kindern oder einfach für Sonnenhungrige ist am Waldschwaigsee alles geboten. Und wer zum Auftanken auch die Bewegung in der Natur braucht, der findet rings um den See kilometerlange Wege, die zu einem Spaziergang oder zum Radfahren einladen. Auch wenn der See künstlich entstand, ist er doch eingebettet in eine natürliche Umgebung, die Erholung und Lebensfreude schenkt – nicht zuletzt den Kindern. Neben dem Badespaß gehört zum Karlsfelder Ferienprogramm ein Besuch bei den Fischern, die für die Kinder leckeren Grillfisch vorbereiten.

TIPP Wer gerne hoch zu Ross unterwegs ist: In der Nähe gibt es zahlreiche Reitschulen, auch für Kinder.

◉ Waldschwaigsee, Hadinger Weg, 85757 Karlsfeld
◉ ÖPNV: Bus 791, Haltestelle Gröbenried/Langwieder Straße (circa 900 Meter entfernt)

Wälder, Wiesen und Weite

57 *Das Mallertshofer Holz mit Heiden*

Im Norden Münchens erstreckte sich einst ein riesiges Heidegebiet, von dem noch Teile erhalten sind, unter anderem die Garchinger Heide, aber insbesondere das Mallertshofer Holz. Viele Jahrzehnte übte hier die Bundeswehr; seit 1995 steht das Gebiet unter Naturschutz. Erst 2013 übertrug der Bund dieses Stück wertvolle Natur an die Anrainergemeinden Eching und Garching – im Rahmen des Programms „Nationales Naturerbe". Seitdem kümmert sich der Heideflächenverein um die Bewahrung dieser grünen Oase. Das Gebiet ist bis heute wenig bekannt, sodass Besucher hier noch Ruhe finden können. Das Faszinierende an der Landschaft ist vor allem das Gefühl der Weite. Denn mit einer Fläche von über 600 Hektar ist das Mallertshofer Holz wirklich riesig. Wer sich auf den kilometerlangen Wander- oder Radwegen verliert, dem kommt die Heidelandschaft schier endlos vor. Egal, in welche Himmelsrichtung man blickt, überall erspäht man Natur pur – und ist doch nur wenige Kilometer von der Großstadt entfernt. Die vergisst der Besucher allerdings schnell, denn die Heidelandschaft erinnert zuweilen mehr an den Norden der Republik. Das Mallertshofer Holz könnte so auch in Brandenburg oder Mecklenburg vorkommen. Doch das Gebiet hat noch mehr zu bieten. Immer wieder durchziehen Kiefernwälder die Heide. Am westlichen Ende wird es besonders abwechslungsreich.

TIPP **Nördlich des Mallertshofer Sees liegt die kleine Kirche St. Martin – etwas versteckt hinter Bäumen.**

Neben dem Mallertshofer Forst liegen die ehemaligen Kiesgruben, die heute wieder verfüllt sind und zu einer hügeligen Wiesenlandschaft umgestaltet wurden. Da der südliche Teil nicht wieder aufgefüllt wurde, entstand hier ein Baggersee, der Mallertshofer See. Die Landschaft ringsum zieht vor allem im Sommer zahlreiche Sonnenhungrige und Badegäste an. Von den grünen Hügeln nördlich des Sees hat man einen tollen Ausblick in die weite Landschaft hinein. Und man entdeckt vielleicht auch die vierbeinigen Bewohner des Mallertshofer Holzes. Denn hier weiden mehrere Schafherden, die sich als natürliche Rasenmäher betätigen.

○ **Mallertshofer See, Ingolstädter Landstraße, 85748 Garching bei München**
○ **ÖPNV: U6, Haltestelle Garching-Hochbrück, Bus 219, Haltestelle Oberschleißheim/Kreuzhof**

Ein Denkmal für die Liebe

58 *Schloss Blutenburg in Obermenzing*

Die Liebe hat Menschen aller Zeiten immer wieder inspiriert, besonders romantische Orte der Begegnung zu schaffen. So war es vermutlich auch bei Schloss Blutenburg am idyllischen Stadtrand von München. Herzog Albrecht III. ließ um 1430 die alte Wasserburg zu seinem Landsitz ausbauen, um hier seine Geliebte Agnes Bernauer ungestört zu treffen. Seine spätere Heirat mit der Bürgerlichen war damals ein Skandal – und fand auf Betreiben von Albrechts Vater 1435 ein tragisches Ende, als er seine ungeliebte Schwiegertochter in der Donau ertränken ließ.

Es ist wohl die besondere Geschichte dieses Ortes, die Schloss Blutenburg seine märchenhafte Atmosphäre verleiht. Nach einer wechselvollen Vergangenheit – unter anderem als Ruhesitz für Ordensschwestern – wurde die Anlage bis in die 1980er-Jahre in neuem, altem Glanz herausgeputzt. Die weitläufige Parkanlage rund um das Schloss ist eine Oase für alle Großstädter, die ein wenig Natur suchen, ohne weit ins Umland fahren zu müssen. Spaziergänger schlendern gemütlich mit Kind und Kegel über die verzweigten Wanderwege, während auf den Wiesen Sonnenhungrige im Gras schlummern. Andere genießen auf der Terrasse der Schloss-Schänke den Blick auf den großen Schlossteich, auf dem Gänse und Enten gemächlich ihre Bahnen ziehen.

TIPP *Das Schloss beherbergt die Internationale Jugendbibliothek mit über 500.000 Büchern in 130 Sprachen.*

Wer durch die schmiedeeisernen Gittertore in den Innenhof tritt, erlebt Schlossidylle pur. Das Ensemble liebevoll restaurierter historischer Gebäude strahlt Ruhe und Geborgenheit aus. Überall gibt es kleine Winkel, in die sich die Besucher zurückziehen können – unter einen der großen, Schatten spendenden Bäume, in eine Ecke der alten Gemäuer oder in die kleine Schlosskapelle. Diese fasziniert mit ihrer prächtigen Ausstattung, die sich dennoch eine würdige Einfachheit bewahrt hat. Nicht umsonst entschließen sich viele Paare, hier zu heiraten – getreu dem Vorbild des Herzogs Albrecht, der auf Blutenburg mit seiner großen Liebe gelebt hat, über alle Standesgrenzen hinweg.

▶ **Schloss Blutenburg, Seldweg 15, 81247 München**
www.blutenburg.de
▶ **ÖPNV: Bus 56, 143, 159, 160, Haltestellen Blutenburg oder Schloss Blutenburg**

Renaturierte Halde

59 *Schinderkreppe und Stadtweiher in Dachau*

Am südlichen Stadtrand von Dachau, gleich an der Grenze zu Gröbenried, liegt eine wunderbar idyllische Landschaft. Genießen lässt sie sich besonders dann, wenn nicht zu viele Besucher da sind. Dann geben die vielen Vogelarten, die hier hausen, ein regelrechtes Konzert. Spaziergänger mit Hunden oder Jogger bahnen sich hin und wieder den Weg rund um den Dachauer Stadtweiher und die sogenannte Schinderkreppe. Bis in die 1980er-Jahre hinein war diese Gegend alles andere als ein Naherholungsgebiet. Die Stadt Dachau lud hier ihren Müll ab – vor allem Sperrmüll. Dann begann die Renaturierung, und die kann sich sehen lassen – im wahrsten Sinne des Wortes. Weil immer noch Müll im Boden liegt, dürfen mögliche Schadstoffe nicht an die Oberfläche gelangen. Eine dicke Lehmschicht dient als Schutzbarriere, und damit diese nicht durchbrochen wird, dürfen die Bäume hier nicht allzu hoch wachsen. Das garantiert für Wanderer oder Radfahrer eine gute Aussicht. Auf der „Panorama Lounge" gleich beim Stadtweiher finden sich immer wieder Bänke oder Liegestühle aus Holz, die zu einer kleinen Rast und einem wunderbaren Blick über die urwüchsige, waldreiche Landschaft des Dachauer Mooses einladen. Auch rund um den Stadtweiher gibt es überall kleine Plätzchen am Ufer, an denen es sich prima entspannen oder picknicken lässt. Auch Bänke und Grillplätze sind vorhanden und lassen hier jeden auf seine Kosten kommen. Das Dachauer Moos zeichnete sich einst durch seine Ursprünglichkeit und Wildheit aus, die jedoch im Laufe der Zeit durch menschliche Eingriffe abgeschliffen wurde. Dennoch hat sich die Landschaft an vielen Stellen ihren Reiz bewahrt. Anfang des 19. Jahrhunderts zog sie viele Landschaftsmaler in ihren Bann. In Dachau entstand so eine Künstlerkolonie, in der einst berühmte Maler wie Carl Spitzweg, Max Liebermann oder Emil Nolde residierten. Die großen Namen sind schon längst Geschichte. Die Schönheit der Natur ist an vielen Stellen erhalten geblieben und lockt nach wie vor unzählige Besucher an.

TIPP Wer mag, kann im angrenzenden Stadtwald entlang des Gröbenbachs gleich weiterwandern.

● Schinderkreppe, 85221 Dachau
● ÖPNV: Bus 718, Haltestelle Dachau, Stadtweiher

Fünf Meter Gartenidyll

60 *Der geheime Garten von Catherine Jennings*

Dieser Garten ist ein echter Geheimtipp. Hinter einer historischen, mit Efeu begrünten Gartenmauer liegt ganz versteckt ein wunderschön restaurierter Vorgarten. Obwohl er zu einem Privathaus gehört, hat Besitzerin Catherine Jennings die Tore für Besucher geöffnet. Und wenn das grüne Eingangstor doch einmal verschlossen ist, dann sollten Besucher einfach klingeln – denn es lohnt sich. Obwohl der Vorgarten nur fünf Meter breit ist, bietet er von jedem Platz aus eine andere Perspektive. Jede Fläche ist begrünt und ganz individuell gestaltet – nach ökologischen Maßstäben und mit viel Liebe zum Detail. Bäume und Kletterpflanzen verdecken die Häuser ringsum. Wer die Augen schließt, kommt sich vor wie in einem Landhaus draußen auf dem Dorf. Überall können Gäste auf schönen alten Bänken oder kleinen Terrassen verweilen. Für die Kinder gibt es einen Sandkasten. Mitten in der Stadt haben auch die Kleinen einen Ort, wo sie gefahrlos spielen können. Alles ist hier original, zum Beispiel die traditionellen rötlichen Münchner Pflastersteine mit unterschiedlich gezackten Mustern. Catherine Jennings hat sie aus alten Häusern beschafft. Auch kleine Brunnen zieren den Vorgarten. Ihr beruhigendes Geplätscher und das leise Klingeln einiger Windspiele verdrängen den Lärm der Autos, die draußen vorbeirasen. In den Bäumen und Rankgewächsen nisten Vögel, die man sonst in der Stadt kaum hören kann. Hier ist alles bewusst unperfekt: die Steine, Fliesen, Fensterläden oder Bänke haben ein wenig Patina angesetzt. Frau Jennings' Großmutter hat den Vorgarten einst um die 1912 erbaute Gartenvilla herum angelegt. So versprüht der Garten den idyllischen Charme einer vergangenen Zeit, die wieder lebendig wird. Wer hierher kommt, findet einen Ort zum Wohlfühlen, eine grüne Oase mitten in der Stadt. Für seine Besitzerin Catherine Jennings ist er keine Arbeit, sondern ein Spiel. Das überzeugte auch die Stadt München: Beim Wettbewerb „Mehr Grün für München" hat der Garten 2016/17 den ersten Platz belegt.

TIPP Überall im Garten rankt der Blaue Regen. Die Glyzinien blühen in herrlichem Blau-Violett.

◐ Catherine Jennings, Hirschgartenallee 28, 80639 München
◐ ÖPNV: Bus 51, 151, Haltestelle Hirschgartenallee; Tram 12, 16, 17, Haltestelle Romanplatz

Urwuchs mit „Aha"-Effekt

61 *Der Landschaftspark am Schloss Nymphenburg*

Selbst vielen Münchnern ist nicht bekannt, dass der riesige Park von Schloss Nymphenburg noch viel mehr zu bieten hat als barocke Gärten mit ihren schnurgeraden Wegen. Sicherlich, all das liefert ohne Zweifel wundervolle optische Reize und ist für viele Besucher ein Glücksort im Grünen. Der Schlosspark kann aber auch ganz anders, sodass auch die Freunde urwüchsiger Wälder, kleiner Seen und schmaler Spazierwege auf ihre Kosten kommen. Denn insbesondere der westliche und nördliche Teil des Parks unterscheiden sich deutlich von den Barockgärten rund um die Schlossanlage. Riesige alte Bäume, verschlungene Pfade und naturbelassene Wiesen: So präsentiert sich der Schlosspark auf eine ganz natürliche Weise. Hier ist es nicht nur ruhiger und idyllischer, auch die Tierwelt scheint den hinteren Teil des Parks zu bevorzugen. Wer sich vorsichtig verhält, begegnet früher oder später einem Reh oder anderen Wildtieren. Dennoch hat der Gartenbaumeister Friedrich Ludwig Sckell auch hier nichts einfach dem Zufall überlassen. Trotz des scheinbar natürlichen Bewuchses ist der Landschaftspark so angelegt, dass er immer wieder Sichtachsen auf das Schloss freigibt, die sogenannten Ahas. Sie erleichtern die Orientierung und lassen den Besucher die prachtvollen Bauten aus der Ferne bewundern. Wer sich bis zum nordwestlichsten Zipfel des Parks durchschlägt, auf den wartet ein besonders wildromatischer See: der Kugelweiher. Kurz vor der nördlichen Schlossmauer gelegen, ist er selbst für Einheimische ein Geheimtipp. Das üppig bewachsene Ufer, die Seerosen auf dem Wasser – all das lässt einen völlig vergessen, dass gleich dahinter die viel befahrene Menzinger Straße liegt. Der Weiher ist eine kleine grüne Oase mitten in der Stadt und das einzige Gewässer im Schlosspark mit einem natürlichen Ufer. Gespeist wird es aus dem Hartmannshofer Bach, der durch den Park fließt und noch viel mehr kleine, versteckte Stellen bietet, an denen jeder seinen persönlichen Glücksort entdecken kann.

TIPP Richtung Norden kann man weiterwandern zum Hartmannshofer Park und Kapuzinerhölzl.

● Landschaftspark Schloss Nymphenburg, Amalienburgstraße / Menzinger Straße, 81247 München
● ÖPNV: Tram 12, Haltestelle Amalienburgstraße

Ein „kunstvoller" Park

62 *Der Petuelpark in Milbertshofen und Schwabing*

Der Petuelpark gehört zu den ganz jungen Parkanlagen in der Stadt – und die Planer haben sich hier etwas Besonderes einfallen lassen. Seine Existenz verdankt er übrigens dem Autoverkehr. 2002 wurde der Petueltunnel eröffnet, durch den der verkehrsreiche Mittlere Ring an dieser Stelle unter die Erde verlegt wurde. Auf dem „Dach" des Tunnels entstand zwei Jahre später ein Park, der schon durch seine besondere Form auffällt. Denn bedingt durch die Tunnelform ist er extrem schmal, dafür aber wesentlich länger. Zwei Plätze durchqueren ihn in der Breite, um die nördlich und südlich des Parks gelegenen Stadtteile Milbertshofen und Schwabing miteinander zu verbinden. Ein Café mit Biergarten sowie ein Generationengarten sollen die Bürger beider Stadtteile zusammenführen. Neben dieser sozialen Komponente sind auch die Kunstinstallationen sehenswert. Gleich am westlichen Eingang stehen zwei Glasgebilde in einem Glashaus. Die grünen Skulpturen des Künstlers Raimund Kummer sollen das menschliche Auge symbolisieren und die Frage aufwerfen, ob der Betrachter vor der Skulptur oder die Skulptur vor dem Betrachter

TIPP Interessant ist auch der Kubus im Café am Fontäneplatz. Er zeigt wechselnde Ausstellungen.

geschützt werden muss. Eine Rosenpergola zeigt Text- und Bildfragmente über Milchglas. Der Betrachter wird hier aufgefordert, die Geschichten selbst zu Ende zu erzählen. Am Ufer des Nymphenburg-Biedersteiner Kanals steht ein Paar Stiefel, das dort scheinbar jemand zurückgelassen hat. Tatsächlich schießt eine bis zu sieben Meter hohe Wasserfontäne hervor. Aus einem weiteren Stiefelpaar am Wegesrand entweicht dagegen stoßweise Luft. Besonders für Kinder interessant ist das Reiterstandbild „Go!" am Fontäneplatz. Die Figur von Pia Stadtbäumer zeigt einen Reiter, der mit viel Gepäck unterwegs ist – ein Hinweis auf die Konsumgüter unserer Zeit. Die Figur dreht sich langsam um die eigene Achse, und das Maultier stößt gelegentlich einen Schrei aus. Wer den Petuelpark aufmerksam durchquert, wird noch mehr Kunstwerke entdecken – lassen Sie sich überraschen!

● Petuelpark, 80809 München
● ÖPNV: U2, Haltestelle Milbertshofen

Garten als Sozialprojekt

63 Der „StadtAcker" am Ackermannbogen

Manche schmucke Neubaugegend bleibt mehr oder weniger eine Betonwüste. Nicht so am Ackermannbogen im westlichen Schwabing. Als hier ab 2009 auf einem ehemaligen Kasernengelände ein ganz neues Viertel entstand, wurden großzügige Grünflächen von Anfang an in die Planung einbezogen. Neben einem Biotop und mehreren Parkanlagen entstand der StadtAcker, ein Gemeinschaftsgarten für alle, die Freude am Gärtnern haben. „Es ist ein Nachbarschaftsprojekt", erzählt Konrad Bucher, der den Garten verwaltet. „Die Leute kennen sich, identifizieren sich mit ihrem Viertel." Doch auch wer keine der schicken Neubauwohnungen am Ackermannbogen ergattern konnte, ist hier willkommen. Und der Garten kann sich sehen lassen: Über 30 Salatsorten gedeihen hier, außerdem Grünkohl, Kohlrabi, Kürbisse und sogar Artischocken, die sonst eher die südlichen Gefilde bevorzugen. Und die rund 30 bis 40 Aktiven, die den „harten Kern" ausmachen, legen viel Wert auf Ästhetik. Die Wege sind klar gegliedert, am nördlichen Ende steht ein Gartenhäuschen mit einer gepflegten Terrasse. Da Insektenschutz in aller Munde

TIPP Gleich hinter dem StadtAcker gibt es einen „Ort der Stille", der für jedermann frei zugänglich ist.

ist, gibt es auch eine Wiese, wo sich Bienen, Schmetterlinge und Co. austoben können. Betreut wird der StadtAcker vom Verein Ackermannbogen e.V., der in dem Viertel eine vielfältige Nachbarschaftsarbeit leistet. Sport- und Kulturangebote gehören ebenso dazu wie Orte der Begegnung. Das soll auch der StadtAcker sein. Er soll Menschen zusammenbringen, Gemeinschaft ermöglichen. Es gibt keine getrennten Parzellen wie in Schrebergärten, alles wird gemeinsam geplant. Die aktiven Gärtner teilen sich in Themengruppen auf, beispielsweise gibt es eine Gemüse- oder Blumengruppe, aber auch eine Kunstgruppe. Mit Workshops fördert der Verein die Weiterbildung, beim offenen Gärtnern kann jeder reinschnuppern. Für viele Menschen ist der StadtAcker ein Stück Zuhause geworden. Am Zaun hängen einige Zeugnisse, die für sich sprechen: „Kraftquelle" oder „zweite Heimat" steht da auf Plakaten. „Ein Ort, der mich erdet" heißt es auf einem weiteren.

StadtAcker, Elisabeth-Kohn-Straße, 80797 München
ÖPNV: Tram 12, Haltestelle Infanteriestraße; Bus 59, Haltestelle Ackermannbogen

Relikt eines Dorfes

 64 *Die Heilig-Kreuz-Kirche im Dorf Fröttmaning*

Was macht eine Kirche zwischen den riesigen Parkflächen der Allianz Arena, dem Autobahnring und der Kläranlage? Das Geheimnis dieses kleinen, scheinbar verwunschenen Idylls führt zurück in die 1960er-Jahre. Fröttmaning, damals gut 30 Jahre ein Münchner Stadtteil, wurde schrittweise abgerissen. Für die Autobahn wurden Flächen gebraucht, und bald wurden die letzten Gutshöfe für die Mülldeponie benötigt. Fröttmaning, eine der ältesten Siedlungen im Stadtgebiet, versank im Abfall der wachsenden Großstadt. Das heißt: nicht ganz. Die Heilig-Kreuz-Kirche blieb dank Bürgerprotesten stehen. Gleich dreimal verhinderten sie den Abbruch der ältesten Kirche der Stadt: Erst sollte das Autobahnkreuz München-Nord direkt über den Kirchengrund führen, dann sollte das Gotteshaus der Mülldeponie weichen und schließlich um die Jahrtausendwende beim Bau der Allianz Arena dem König Fußball Platz machen. Doch die Kirche steht immer noch – und ist heute ein grünes Juwel an einem unwirklichen und deshalb besonders geheimnisvollen Ort. Wem der Fröttmaninger Berg zu steil und die Isar

TIPP *Gegenüber steht ein Nachbau. Das Kunstwerk „Versunkenes Dorf" thematisiert den verschwundenen Ort.*

zu weit weg ist, findet hier ein Kleinod der Ruhe und Entspannung. Der Friedhof rund um das Gotteshaus ist wie ein Park gestaltet. Unter hohen Bäumen stehen Bänke, auf denen man ein wenig ausruhen, ein gutes Buch lesen oder die Natur genießen kann. Die teils prächtigen Grabsteine aus verschiedenen Epochen erzählen viele kleine Familiengeschichten. Wer die Kirche betritt, wird von der üppigen Ausstattung überrascht. Unter den zahlreichen Wandmalereien findet sich die älteste Christusdarstellung in Bayern. Und das Deckenfresko aus dem 18. Jahrhundert wurde einst von Schülern der berühmten Barockkünstler Asam gemalt. Bei Renovierungsarbeiten wurden romanische Fresken an den Wänden entdeckt, die direkt auf die roten Ziegel gemalt worden waren – einzigartig in Deutschland. So hat diese Kirche bis heute ihre spirituelle Ausstrahlung bewahrt. Dass sie das Relikt eines untergegangenen Dorfes ist, macht den Ort noch spannender.

▶ **Heilig-Kreuz-Kirche Fröttmaning, Kurt-Landauer-Weg 8, 80939 München**
www.pfarrverband-albert-allerheiligen.de
▶ **ÖPNV: U6, Haltestelle Fröttmaning**

„Höhepunkt" der Isarauen

65 Der Hypoberg am Poschinger Weiher

Manches, was wir heute als natürliche Landschaft wahrnehmen, ist durch Menschenhand entstanden. Das muss kein Nachteil sein: Über die Jahrzehnte hinweg hat sich die Natur vieles zurückerobert. So auch den Poschinger Weiher in Unterföhring nördlich von München. Der Badesee in beschaulicher Lage in den Isarauen gilt als Insider-Tipp, der nicht so überlaufen ist wie andere Gewässer. Entstanden ist er vor knapp 100 Jahren durch den Kiesabbau für den Mittlere-Isar-Kanal. Längst aber sind viele Stellen am Ufer wieder üppig mit Gras bewachsen. Andere Abschnitte sind teils mit Sand aufgeschüttet, sodass auch Familien mit Kindern auf ihre Kosten kommen. Einen Biergarten für die kühle Erfrischung gibt es auch, ebenso Liegewiesen oder Tischtennisplatten. Das Ostufer ist zum Baden weniger geeignet und daher ein Tipp für Menschen, die es gerne ruhiger angehen lassen. Nur ein kleines Stück weiter wartet die nächste Attraktion, ebenfalls von Menschenhand erschaffen. Der Hypoberg entstand aus dem Schutt des Zweiten Weltkriegs. Wer den kurzen, nur mäßig steilen Anstieg erklimmt, merkt davon gar nichts mehr. Der dichte Baumbewuchs erweckt den Eindruck, als sei der Hügel schon immer hier gewesen. Wer dann den Gipfel nach wenigen Gehminuten erreicht hat, dem eröffnet sich jenseits der Baumkronen ein wunderbarer und völlig freier Blick über München – vorausgesetzt, das Wetter spielt mit. Da ragen unzählige Kirchturmspitzen in die Höhe, sodass es zuweilen schon knifflig ist, zu erraten, zu welchem Gotteshaus sie gehören. Die beiden Türme der Frauenkirche können wohl die meisten noch entdecken, aber dann wird es schwieriger. Wenn die Witterung es zulässt, geben die Alpen den Blick auf zahlreiche Berggipfel frei. Nach einer Wanderung oder einer Radtour entlang des Isarradwegs ist der Hypoberg der perfekte Ort für eine Rast, zumal mehrere Bänke zum Ausruhen einladen. Auch Mountainbiker erklimmen gerne den Anstieg zum Aussichtshügel. So oder so – der Hypoberg ist buchstäblich der Höhepunkt.

TIPP Auf der linken Isarseite liegt der Rastplatz „Damit alles fließt" am früheren Unterföhringer Wehr.

> ◗ Poschinger Weiher, an der Isarbrücke nach Fröttmaning, 85774 Unterföhring
> ◗ ÖPNV: Bus 231, Haltestelle Unterföhring, Kanal

Perfektes Alpenpanorama

66 *Der Aussichtshügel „Perlacher Mugl"*

Warum in die Ferne schweifen, wenn das Glück so nahe liegt? Wer einen traumhaften Blick auf das mächtige Alpenpanorama genießen will, muss nicht stundenlang in Richtung Berge fahren. Im Perlacher Forst bei Grünwald erhebt sich ein kleiner, aber gut gelegener Aussichtshügel. Ob mit dem Fahrrad oder zu Fuß – die Wege zum „Perlacher Mugl" sind gut ausgeschildert. Und wer den kurzen, unproblematischen Anstieg auf den Hügel nicht scheut, der wird – gutes Wetter vorausgesetzt – mit einem herrlichen Blick auf die Bayerischen Alpen belohnt. Infotafeln klären darüber auf, welchen imposanten Berg der Betrachter gerade im Blick hat. Während bei uns schon die Sonne brennt und die Natur ihr üppiges, sattes Grün herauskehrt, liegt auf unzähligen Gipfeln immer noch Schnee. So erfährt der Besucher die Natur in all ihren Farben und Facetten – ein erhabener Ausblick, der den Horizont öffnet und ein Stück demütig werden lässt vor den Gewalten der Natur. Da stört es nicht, dass die Geschichte des „Perlacher Mugl" wenig beschaulich ist. Hier stand im Zweiten Weltkrieg ein großer Bunker mit Flugabwehrge-

TIPP Vom Mugl lohnt sich ein Ausflug in die „Bavaria Filmstadt" unter anderem mit 4-D-Erlebniskino.

schützen, aus denen gefeuert wurde, was das Zeug hielt. Die massive Bauweise verhinderte nach 1945 seinen Ab-riss, sodass er mit Erde überschüttet wurde. Das Ergebnis ist ein beliebtes Ausflugsziel, das auch im Frühjahr und Herbst seine Reize hat. Wenn die Bäume nicht so dicht mit Blättern bewachsen sind, lässt sich manches Detail noch besser er-kennen. Ebenso bietet der Mugl – ein bayerisches Wort für „Hügel" – am Abend eine tolle Sicht auf die Sterne. Das ist Bergromantik pur – und zwar direkt vor den Toren Münchens. Wem der Aufstieg doch etwas zu schweißtreibend war, der kann in der offenen Schutzhütte Platz neh-men. Sie bietet Bänke in alle Himmelsrichtungen, auf denen sich die Aussicht auch im Sitzen genießen lässt. An den Wänden finden die Besucher Informationstafeln. Sie schildern die Geschichte der örtlichen Forst- und Waldgebiete von der Eiszeit bis heute.

○ Perlacher Mugl, 82041 Perlacher Forst bei München
○ ÖPNV: Tram 15, 25, Großhesseloher Brücke

Durch sieben Kontinente

 67 *Der Tierpark Hellabrunn*

In einer intakten Natur fühlen sich Menschen und Tiere gleichermaßen wohl. Nicht zuletzt deswegen ist der berühmte Tierpark Hellabrunn direkt an der Isar eine riesige grüne Oase in der Stadt. 25 der 40 Hektar Fläche sind durch rund 2300 Bäume sowie unzählige Sträucher und Rasenflächen bedeckt. Hier haben nicht nur die Tiere, sondern auch viele Pflanzen einen bedeutenden Rückzugsraum. Nicht zuletzt die Luft in der Großstadt profitiert davon. Und die Besucher haben natürlich auch ihre Freude an dem vielen Grün. So ist der Tierpark Hellabrunn ein großer grüner Glücksort – oder eigentlich besteht er aus vielen kleinen grünen Orten, denn der Park ist so vielseitig, dass jeder für sich seine Lieblingsecke entdecken kann. Der Auer Mühlbach durchfließt das Zoogelände, und mit 25 Brücken über mehrere Bäche und Kanäle wird der Tierpark auch das „Venedig unter den Zoos" genannt. Viele kleine Rastplätze laden zum Ausruhen ein und bieten eine gute Gelegenheit, um die Tiere in ihren wunderschön gestalteten Freigehegen zu beobachten. Sogar Liegen stehen für die Besucher bereit, die an warmen Tagen na-

TIPP *Das Isarufer bietet auf beiden Seiten zahlreiche weitere „grüne" Orte – unter anderem den Flaucher.*

türlich heiß begehrt sind. Dass Hellabrunn ein „grüner" Zoo sein will, ist auch im sogenannten Masterplan von 2016 festgelegt. Dort nennt sich der Tierpark „Geozoo der Biodiversität" unter anderem mit den Kernthemen Arten-, Natur- und Umweltschutz. Das zeigt sich auch im neu errichteten Mühlendorf, in dem ein alpenländischer Bauernhof nachgebildet wurde. Teils gefährdete heimische Tier- und Pflanzenarten, insbesondere auch viele Haustierrassen, finden hier ein Zuhause. Die Besucher, vor allem Kinder, sollen hier lernen, wo Fleisch, Milch oder Eier überhaupt herkommen und wie jeder Einzelne zum Erhalt der Umwelt beitragen kann. Durch die familiäre Atmosphäre können Kinder mit den Händen vieles erforschen und Bauernhoftieren unmittelbar begegnen. So wird der Zoobesuch zu einem vielfältigen Naturerlebnis – und das direkt vor der Haustür.

○ Tierpark Hellabrunn, Tierparkstraße 30, 81543 München
www.hellabrunn.de
○ ÖPNV: U3, Haltestelle Thalkirchen (Tierpark); Bus 52, Haltestelle Tierpark (Alemannenstraße)

Vögeln auf der Spur

68 *Der Egglburger See in Ebersberg*

Wasserralle und Flussseeschwalbe teilen ein gemeinsames Schicksal: Sie sind vom Aussterben bedrohte Vogelarten. Doch neben rund 100 anderen teils gefährdeten Arten finden sie am Egglburger See in Ebersberg östlich von München eine Nist- und Brutstätte. Und ein schöneres Paradies hätten sich die Tiere kaum aussuchen können. In den Hügeln zwischen Ebersberg und dem Eglhartinger Forst liegt der Egglburger See eingebettet in eine wunderschön grüne und durch die Höhenzüge leicht geschwungene Landschaft. Der See und die umliegenden Wege bilden ein Naturschutzgebiet. Nahezu das gesamte Ufer ist dicht mit Schilf bewachsen. Südlich des Gewässers blühen Hochstauden auf den feuchten Wiesen, die nur einmal im Jahr gemäht werden. Durch den dichten Bewuchs ist das Ufer zwar nicht direkt begehbar, aber das hat auch einen entscheidenden Vorteil: Der See kann – auch wegen des Naturschutzes – in der Regel nicht zum Baden genutzt werden, sodass Spaziergänger und Radfahrer hier wirklich die Ruhe und Idylle der Landschaft genießen können. Und die Vögel freut's natürlich auch. Sie ziehen über dem Gewässer ihre Kreise, und die Lachmöwen, die hier brüten, geben auch gerne mal ein etwas lauteres Konzert. Obgleich das Ufer nicht zugänglich ist, liegen die Wanderwege rings um den See meistens leicht erhöht, sodass der Blick auf das Gewässer in der Regel ungetrübt ist. Am schönsten ist es in den Morgen- und Abendstunden, wenn das Sonnenlicht auf der Oberfläche glitzert und sich die Bäume im Wasser spiegeln. Am südwestlichen Ufer liegt die kleine St.-Michael-Kapelle, die mitten in dieser Oase der Stille zur Einkehr einlädt. Ausklingen lässt sich die ausgiebige Wanderung schließlich im „Wirtshaus zur Gass" am Südufer.

TIPP In der Nähe liegen ein Aussichtsturm mit einem tollen Ausblick sowie das „Museum Wald und Umwelt".

▶ Egglburger See, Zur Gass, 85560 Ebersberg
▶ ÖPNV: S4, S6, Haltestelle Ebersberg; Bus 440, 442, Haltestelle Eichenallee

Alles ziemlich wild hier

69 *Der Wildpark in Poing*

Auf dem Weg in den Wald kreuzen immer wieder Rehe den Trampelpfad. Sie sind zutraulich, rennen nicht weg, wenn sich Menschen nähern. Was in den meisten Wäldern nicht funktioniert, ist hier selbstverständlich. Im Wildpark in Poing östlich von München begegnen sich Mensch und Tier, kommen sich nahe, wie es sonst kaum möglich ist. Natürlich klappt das nicht immer ganz ohne Zaun. Einem kapitalen Hirsch oder gar einem Braunbären sollten die Besucher dann doch mit einem gewissen Abstand begegnen – aber auch hier gilt: so viel Nähe wie möglich. Der Wildpark Poing ist kein Zoo, die Tiere sind nicht eingesperrt, sondern können sich in Gehegen bewegen, die ihren natürlichen Lebensräumen so weit wie möglich nachempfunden sind. Dafür gab's unter anderem die bayerische Umweltmedaille. Auf rund 570.000 Quadratmetern geht es gut vier Kilometer vorbei an zahlreichen einheimischen Tierarten. Dazu gehören Rot-, Dam- und Schwarzwild ebenso wie Zwergziegen, Shetlandponys, Wölfe oder Zwergesel. Von den Bäumen herunter geben viele Vogelarten wie der Rotmilan oder der Singschwan ein buntes Konzert aus ganz verschiedenen Lauten. Eine große Picknickwiese mit Kiosk und verschiedenen Spielplätzen drum herum machen den Wildpark zu einem Erlebnis für die ganze Familie. Und das zu jeder Jahreszeit: Denn auch in den kalten Monaten sind nicht alle Tiere im Winterschlaf. Die Einlasszeiten sind dann etwas kürzer, aber genug zu erleben gibt es allemal. Und ein Reh in der Schneelandschaft zu erspähen, hat immer noch etwas Romantisches. Der Wildpark kann zu den üblichen Stoßzeiten (Ferien, Sommerwochenenden usw.) auch mal recht voll werden. Wer aber seine Zeit anders einteilen kann, für den bietet der Wildpark ein besonderes Naturerlebnis.

TIPP Von April bis September gibt es fast täglich zwei Greifvogelvorführungen mit Adler, Falken und Co.

▶ Wildpark Poing, Osterfeldweg 20, 85586 Poing bei München
www.wildpark-poing.de
▶ ÖPNV: S2, Haltestelle Poing

Wo sich die Sinne öffnen

70 Die Sempt rund um Wörth

Fast 40 Kilometer fließt die Sempt östlich von München von Ottenhofen bis kurz hinter Moosburg. Trotz dieser durchaus beachtlichen Länge ist der Fluss außer bei den Anrainern nur wenig bekannt. Dabei bietet er ideale Freizeitmöglichkeiten: Neben kürzeren und längeren Wanderwegen kreuzt die Sempt einen idyllischen kleinen Badesee, den Wörther Weiher zwischen Wifling und Wörth, fließt durch weite Acker- und Mooslandschaften und durchquert den historischen Stadtkern von Altenerding und Erding. Insbesondere der Abschnitt rund um Wörth ist mit öffentlichen Verkehrsmitteln gut erreichbar, und hier lässt sich die Sempt besonders wildromantisch erleben. Entlang der Wiesen und Felder, immer wieder unterbrochen von kleinen Dörfern, ist der Fluss ein idealer Orientierungspunkt für ausgedehnte Spaziergänge. Das Ufer ist an vielen Stellen dicht bewachsen und nicht überall zugänglich. Doch Wanderwege führen immer wieder nah an den Fluss heran, und ab und zu quert eine Brücke das Gewässer und lädt dazu ein, am Geländer stehen zu bleiben und das Wasserrauschen auf sich wirken zu lassen.

TIPP *Die Blumenwiese Wörth direkt an der Sempt bietet Blühpatenschaften an, um das Ökosystem zu stützen.*

Die Sempt ist ein Wohlfühlort, an dem sich Ruhe und Entspannung im Einklang mit der Natur erspüren lassen. In der mal flachen, dann wieder leicht hügeligen Umgebung stellen sich rasch Ausgeglichenheit und Wohlbefinden ein. Wenn der Lärm der Großstadt weit weg ist, öffnen sich wieder die Sinne für die natürlichen Dinge des Lebens: das Gezwitscher der Vögel, das Rauschen des Flusses, die Schritte der Füße im Gras oder auf dem Schotter. Die Gegend rund um die Sempt ist ein Ort zum Energietanken, zum Runterkommen und Kraftsammeln. Und obwohl sie nicht weit weg von München liegt, scheint sie doch so fern zu sein.

◉ Sempt, 85457 Wörth
◉ ÖPNV: S2, Haltestelle St. Koloman

Urwald vor der Stadt

71 *Die Echinger Lohe von Eching nach Dietersheim*

Im ersten Moment gehört viel Fantasie dazu, an dieser Stelle einen grünen Glücksort zu vermuten. Eching ist ein Vorort von München direkt an der A9, viele große Einzelhandelsketten haben hier ihren Sitz. Riesige Möbel- und Autohäuser auf der einen Seite, die Autobahn nach Nürnberg und Berlin auf der anderen – und mittendrin: Natur pur. Der vorbeirauschende Verkehr lässt sich zwar nicht völlig ausblenden, aber er tritt wie von selbst in den Hintergrund. Die Echinger Lohe ist eine kleine, aber bedeutende Ruheoase mitten in einer sonst nie ruhenden Metropole. Einst war sie Teil eines großen Lohwaldgürtels rings um München, der in Teilen erhalten geblieben ist. Schon Anfang der 1950er-Jahre wurde die Lohe zum Naturschutzgebiet erklärt, seit 1978 ist sie ein Naturwaldreservat. Das heißt: Abholzung ist hier ganz und gar verboten. Der Wald wird bewusst sich selbst überlassen. Direkt vor den Toren Münchens entsteht somit wieder ein Urwald. Und das merkt man auch, sobald man sich der Echinger Lohe nähert. Da gibt es keine geräumten und gepflegten Waldwege, keine Monokulturen, sondern einen bunten, leicht chaotischen, aber sehr artenreichen Misch-

TIPP Direkt „nebenan" liegt ein weiteres Naturschutzgebiet: die Garchinger Heide.

wald. Auf knapp 24 Hektar ist ein urwüchsiges Stück Natur erhalten geblieben. Großflächige Kraut- und Strauchschichten bedecken den Boden und bieten vielen gefährdeten Tier- und Pflanzenarten eine Heimat. Doch der Mensch ist hier nicht ausgeschlossen; die Lohe kann umwandert und auch betreten werden. Es ist nur nicht alles auf ihn zugeschnitten. Einige Informationstafeln erklären die Funktion der Lohe und den Artenreichtum. Wer sich durch den Urwald kämpfen will, muss dies auf eigene Gefahr tun. Stolperfallen oder herabfallendes Holz sind nicht auszuschließen. Aber auch das kann ja ein Erlebnis sein, wenn die Bedürfnisse des Menschen einmal nicht im Vordergrund stehen. Und nach der nicht ganz mühelosen Durchquerung des Urwaldes ist die Zivilisation ja auch nur wenige Hundert Meter entfernt.

● Echinger Lohe, Dietersheimer Straße, 85386 Eching
● ÖPNV: Bus 690, Haltestelle Eching, Waagstraße (mit Anschluss an die U-Bahn)

Natur trifft Hightech

 72 *Der Wiesäckerbach in Garching*

Hier ist Spitzenforschung auf wenigen Quadratkilometern versammelt. Das Fraunhofer-Institut, die Forschungsneutronenquelle „Heinz Maier-Leibnitz", das Max-Planck-Institut für Astrophysik und zahlreiche Institute der Technischen Universität (TU) München geben sich die Klinke in die Hand. Garching, ein Vorort im Norden Münchens, ist in den letzten Jahrzehnten zu einem Hightech-Standort ausgebaut worden. Hier einen grünen Glücksort zu vermuten, liegt nicht unbedingt nahe. Aber weit gefehlt: Nicht nur, dass Garching an der Isar mit ihrem bestens ausgebauten Wander- und Radwegenetz liegt, auch ein Nebenfluss birgt viele schöne Seiten, die man hier eher nicht erwarten würde. Die Rede ist vom Wiesäckerbach, der vom Garchinger Mühlbach abzweigt und schon bald wieder in ihn einmündet. Aber auf diesem kurzen Abschnitt bietet er auf beiden Seiten des Ufers einige reizvolle Möglichkeiten der Naherholung. Südlich der Lichtenbergstraße, gegenüber dem TU-Campus, ist der Bach oft so dicht von Bäumen und Sträuchern umgeben, dass er kaum zu sehen ist. Hier laden lange Spazierwege und umfangreiche Grünanlagen zum Schlendern,

TIPP Ganz in der Nähe liegt das ESO Supernova Planetarium, eine moderne Anlage mit 360-Grad-Kuppel.

Radeln oder zum Verweilen auf den Bänken ein. Viele Studenten nutzen diese grüne Oase, um ihre physikalischen Gleichungen und Formeln zu pauken. Und wer ganz genau hinschaut, kann ungefähr auf der Höhe der Kita sogar eine kleine Insel entdecken, da der Bach hier kurzzeitig sehr breit wird. Weiter nördlich wird der Wiesäckerbach wieder etwas schmaler und zeigt mehr von seinen Ufern. An einigen Stellen kann man bis zum Wasser gelangen, auf den Wiesen ein wenig ausruhen oder ein kleines Picknick auftischen. Hier und da führt eine kleine Brücke über den Bach und lässt einen auch die andere Seite entdecken. Jeder findet ein Lieblingsplätzchen, an dem er den naturbelassenen Bach auf seine Art genießen kann, während wenige Hundert Meter weiter Neutronen erzeugt und komplexe chemische Prozesse in Gang gesetzt werden.

● Wiesäckerbach, Zugang über Lichtenberg- oder Ludwig-Prandtl-Straße, 85748 Garching bei München
● ÖPNV: U6, Haltestelle Garching-Forschungszentrum

Himmlische Ruhe

73 · Der Kabinettsgarten in der Residenz

Tausende Menschen drängen sich durch die engen Gassen vom Marienplatz zur Feldherrenhalle. Touristen schießen Selfies, Autos rasen vorbei. Mitten im Trubel der „Weltstadt mit Herz" soll es einen Ort geben, der Ruhe und Geborgenheit ausstrahlt? Er ist nicht leicht zu finden – und gerade das macht den Kabinettsgarten der Residenz zu einem echten Geheimtipp. Vom Odeonsplatz einmal quer durch den Hofgarten über den Marstallplatz, dann steht man vor einer langen Mauer mit einem kleinen Schmiedetor. Wer hier durchgeht, lässt den Großstadtlärm hinter sich und tritt ein in den kleinsten, aber auch ruhigsten Garten der Innenstadt. Umschlossen von den mächtigen Gebäuden der Residenz, bleiben die Geräusche der Großstadt außen vor. Stattdessen öffnet sich dem Besucher eine Oase der Ruhe, die ein Ort zum Runterkommen und Krafttanken ist. Wasser und viel Grün, dezent miteinander in Harmonie gesetzt, bilden ein besonderes Ensemble, das beruhigend und inspirierend zugleich wirkt. Links und rechts entlang des Mittelwegs ziehen sich zwei breite Wasserflächen, die von bunten Glasstreifen durchzogen sind. Sie sollen ein virtuelles Blumenbeet symbolisieren. Doch auch an echtem Grün mangelt es hier ganz und gar nicht. Breite Rasenstreifen, halbhohe Hecken und kleine, aber üppige Bäume schaffen gerade durch ihre Schlichtheit eine natürliche Umgebung. Ein kleiner Springbrunnen am Ende des Mittelganges sorgt für ein wenig Erfrischung in der stickigen Stadtluft. An den Wänden der Residenzgebäude, die mit ihren warmen, „italienisch" anmutenden Fassaden einladend wirken, stehen Bänke, auf denen sich dieses Kleinod bequem genießen lässt. Der helle Kalkstein der Bänke und Böden schafft zusammen mit den Fassaden der Residenz eine besondere Atmosphäre. Ein wenig die Seele baumeln lassen, sich vom Einkaufsbummel ausruhen, die Gedanken schweifen lassen oder ein gutes Buch lesen – im Kabinettsgarten der Residenz ist all das mitten im Herzen Münchens möglich.

TIPP Vom Kabinettsgarten führt eine Treppe zur Allerheiligen-Hofkirche. Sie ist heute ein Konzertsaal.

● Kabinettsgarten der Residenz, Alfons-Goppel-Straße, 80539 München
www.residenz-muenchen.de
● ÖPNV: U3, U4, U5, U6, Haltestelle Odeonsplatz

Entspannte Teepause

 Das Japanische Teehaus im Englischen Garten

Bei einer Tasse Tee lässt es sich gut entspannen. Die Japaner haben aus der Teezubereitung eine regelrechte Zeremonie gemacht. Da gibt es nichts mit Teebeuteln, die man fünf Minuten ziehen lässt. Eine japanische Teezeremonie kann über Stunden dauern. Doch man muss gar nicht nach Japan reisen, um ihr beizuwohnen. Die gibt es nämlich im Englischen Garten mitten in München, direkt hinter dem „Haus der Kunst". Hier entstand 1972 das Japanische Teehaus anlässlich der Olympischen Spiele. Damals stiftete Dr. Soshitsu Sen, Großmeister der Urasenke-Teeschule aus dem japanischen Kyoto, das Teehaus – und zwar mit der Auflage, dass dort die japanische Teezeremonie unterrichtet und vorgeführt wird. Das passiert seitdem einmal im Monat zwischen April und Oktober. Eine Stunde dauert die Vorführung; eine Schale Tee und eine Süßigkeit sind im Eintrittspreis enthalten. Das ist zwar nicht ganz so lange wie in den japanischen Teeschulen, aber die Zeremonie fasziniert auch in der einfacheren Variante. Hier lässt sich erahnen, wie entspannend und beruhigend eine solches Ritual aufs Gemüt wirkt. In dem schlichten, aber wohligen Ambiente versprüht die Teezeremonie so viel Zufriedenheit und Harmonie, dass das Getränk selber eher zur Nebensache wird. Der Weg ist hier das Ziel. Man lässt sich ganz bewusst Zeit für die Zubereitung und gelangt so in Einklang mit der Natur und ihren Erzeugnissen. Der innere Frieden, der sich dabei spüren lässt, ist ganz im Sinne der Urasenke-Teeschule. Nach dem Zweiten Weltkrieg wollte sie von Japan aus ein Zeichen des Friedens in die Welt senden. Seitdem stiftet die Urasenke Teehäuser auf der ganzen Welt, um diese Philosophie zu fördern. Auch die Umgebung trägt viel dazu bei, dass sich bei den Besuchern ein wohliges Gefühl der Lebensfreude einstellt. Das Japanische Teehaus liegt auf einer kleinen Insel, die nur über einen Holzsteg erreichbar ist. Im Frühjahr und Sommer blühen hier zahlreiche Bäume und Sträucher in leuchtenden Farben.

TIPP Jährlich im Juli wird am Teehaus das Japanfest gefeiert - zum Beispiel mit Ikebana oder Karate.

○ Japanisches Teehaus im Englischen Garten, Prinzregentenstraße 1, 80538 München
○ ÖPNV: Bus 100, Haltestelle Königinstraße; Tram 16, Haltestelle Nationalmuseum/Haus der Kunst

Ein Zipfel Freiheit

 75 *Der Giesinger Grünspitz*

Das Dreieck nördlich der Grünwalder Straße in Obergiesing gehört nicht zu den Gegenden, in denen man lauschige Grünflächen vermutet. Im Gegenteil: Auf den teils vierspurigen Hauptverkehrsachsen rollt selbst am Wochenende der dichte Verkehr, dazwischen ruckelt die Tram über die Schienen. Große Wohnblöcke stehen links und rechts der Straße, im Parterre zahlreiche Geschäfte. Doch genau an der Spitze, an der Martin-Luther-Straße und Tegernseer Landstraße zusammentreffen, haben sich die Giesinger Bürger ein kleines, rund 2000 Quadratmeter großes Areal bewahrt, das ihnen und den Besuchern als Refugium dient: den Giesinger Grünspitz. Er ist bis heute an vielen Stellen ein Provisorium geblieben, doch das ist einerseits nicht uncharmant und ändert sich andererseits Schritt für Schritt. Hier, auf dem Gelände eines früheren Autohauses, entstand 2014 ein Bürgerprojekt, das vom Verein „Green City e.V." gemeinsam mit lokalen Akteuren im Auftrag der „Sozialen Stadt Giesing" getragen wird. Immer wieder war es befristet – erst bis 2015, schließlich bis Ende 2020. Unter alten Kastanienbäumen entstanden Sitzbänke und

TIPP *Wenige Hundert Meter entfernt liegt das Stadion an der Grünwalder Straße, die Heimat der „Sechzger".*

Tische, Spielgeräte und Skulpturen, alles nach ökologischen Kriterien aus recyceltem Material. Mittlerweile ist ein Café entstanden, das ebenfalls dem nachhaltigen Charakter des Projekts folgt und mit lokalen Partnern zusammenarbeitet. Immer wieder veranstalten die Betreiber kulturelle Events, zum Beispiel Lesungen oder Filmabende. Auf diese Weise wollen sie die Menschen in Giesing zusammenbringen, einem Stadtteil, dem der Ruf anhängt, sozialer Brennpunkt zu sein. In dieser kleinen Oase inmitten der lauten Umgebung kommen sich die Menschen näher. Der Geräuschpegel lässt sich zwar nicht ausblenden, aber durchaus leichter ertragen. Und der Grünspitz ist ein Beispiel dafür, wie sich lokale Initiativen ein Stück Lebensraum zurückerobern. Derzeit feilt man an einem endgültigen Nutzungskonzept. Die Grünfläche wird aber nicht mehr infrage gestellt – die Idee eines Gartens für alle hat sich durchgesetzt.

○ Giesinger Grünspitz, Martin-Luther-Straße/Ecke Tegernseer Landstraße, 81539 München
○ ÖPNV: U2, Haltestelle Silberhornstraße; Tram 15, 25, Haltestelle Tegernseer Landstraße

Auf den Spuren der Römer

 76 *Die Römerschanze am Isarhochufer in Grünwald*

Rom zur späten Kaiserzeit: Ganz Südbayern ist von den Römern besetzt. Die „Via Julia", eine bedeutende Handelsstraße, führt von Salzburg nach Augsburg und durchquert auch den heutigen Münchner Raum. In Grünwald südlich von München sind heute noch Reste dieser Zeit erkennbar – wunderschön gelegen am östlichen Hochufer der Isar mit einem hervorragenden Blick über das Isartal. Während unten am Ufer, etwa auf Höhe von Baierbrunn, der Georgenstein rund fünf Meter aus dem Wasser ragt, thront oben am Hochufer, gut versteckt hinter hohen Bäumen, die Römerschanze. Wer das Plateau von Grünwald aus durchquert, entdeckt drei Erdwälle mit vorgelagerten Gräben. Wohl im 10. Jahrhundert haben hier die Römer diese riesige Wallanlage ausgehoben, weil sich an dieser Stelle eine Wach- oder Straßenstation an der Via Julia befand. Einst stand hier eine ganze Siedlung mit Lehmhäusern, in denen Handwerksbetriebe untergebracht waren. Ganz in der Nähe dieser alten Wallanlage ist eine alte römische Straßenbrücke über die Isar nachweisbar. Heute erinnern nur noch die Erdwälle und ein kleiner Markierungsstein an die einstige Siedlung. Längst ragen hohe Bäume über die

TIPP *Eine Dauerausstellung mit archäologischen Funden befindet sich im Burgmuseum Grünwald.*

Anlage und machen die Gegend zu einem besonderen Naturerlebnis. Lange Waldwege laden zu einem ausgiebigen Spaziergang oder einer sportlichen Radtour ein, und wer sich in der Nähe des Hochufers bewegt, dem eröffnen sich an mehreren Stellen atemberaubend schöne Blicke auf das am Fuße des Hangs gelegene Isartal. Das Rauschen des Grünwalder Stauwehrs ist von dort zu hören, und gleich hier zweigt der Isar-Werkkanal ab, der auch München durchfließt. Dahinter sind die mächtigen Gebäude des Wasserkraftwerks Höllriegelskreuth zu erkennen, die auf den ersten Blick wie ein Wasserschloss aussehen. Wer den weiten Blick genießt, bis sich die Isar zwischen den steilen Hängen des Hochufers in eine andere Richtung schlängelt und den Blicken wieder entzieht, der weiß schon, warum sich die Römer gerade diesen Ort ausgesucht haben.

● Römerschanze, Georg-Pröbst-Weg, 82041 Grünwald
● ÖPNV: Bus 271, Haltestelle Grünwald, Friedhof (erreichbar über Tram 25, Haltestelle Grünwald, Derbolfinger Platz)

Sinnenbad im Wald

 77 *Das Walderlebniszentrum im Grünwalder Forst*

Wenn wir im Wald spazieren gehen, genießen wir dann die Umgebung wirklich mit allen Sinnen? Wir riechen die Bäume und die Pflanzen, hören die Vögel zwitschern – und doch entgeht uns so manches, was der Wald an Sinneseindrücken zu bieten hat. Das „Multitalent Wald" mit allen Sinnen erlebbar zu machen, das will das Walderlebniszentrum im Grünwalder Forst direkt vor den Toren Münchens. Die Besucher erwartet zum Beispiel ein „Pfad der Sinne". Auf 250 Metern lässt sich hier der Wald auf ganz neue Art erkunden. Vor allem Kinder kommen auf ihre Kosten, aber auch mancher Erwachsene entdeckt bislang unbekannte Seiten des Waldes. Da können zum Beispiel in einem „Naschbeet" essbare Pflanzen gekostet werden – und dann kann munter drauflosgeraten werden, welche es waren. An der „Duftorgel" verbergen sich hinter Holzklappen mehr oder weniger bekannte Gerüche – hier ist eine gute Nase gefordert. Der „Fühlbaum" macht den Wald schließlich buchstäblich zum Greifen nahe. Wer die Finger in die Höhlen steckt, soll ertasten, was er gerade fühlt. Das kann das Fell eines Hasen oder das Gebiss eines Wildschweins sein – das Raten macht jedenfalls einen Riesenspaß. Und es gibt noch mehr Stationen, aber hier sei an dieser Stelle nicht zu viel verraten … Wer etwas länger den Wald genießen möchte, der kann sich auf den Walderlebnispfad begeben. Auf knapp drei Kilometern zeigt der Wald, was er zu bieten hat. Auf einem Pirschpfad haben sich zum Beispiel zehn Tiere versteckt. Die Besucher sollen ihren Spuren folgen und sie entdecken. Ganz Mutige können barfuß über den „Tastpfad" laufen und Zapfen, Steine oder Rinde mit den Füßen erspüren. Und wem das alles zu viel wird, der kann an der Station „Ruhen und lauschen" einfach auf einer Bank Platz nehmen, dem Rauschen der Bäume und dem Konzert der Vögel zuhören – getreu dem Motto des Schriftstellers Robert Musil: „Leg dich an einem schönen oder auch windigen Tag in den Wald, dann weißt du alles selbst."

TIPP *Nebenan liegt der Kletterwald München. Hier können Besucher verschiedene Parcours ausprobieren.*

○ **Walderlebniszentrum Grünwald, Sauschütt, 82031 Grünwald bei München**
○ **ÖPNV: Bus 271, Haltestelle Grünwald Friedhof**

Einsame Pilgerstätte

 78 *Die St.-Anna-Kapelle im Deisenhofener Forst*

Wer von Sauerlach im Landkreis München westlich in den Deisenhofener Forst wandert, stößt mitten im Wald plötzlich auf eine kleine Kapelle. Ganz einsam liegt sie da an der Kreuzung zweier Waldwege, von Bäumen umgeben und in nahezu völliger Ruhe und Abgeschiedenheit. Was macht, so fragt sich wohl mancher Besucher, dieses spätbarocke Juwel mit dem typischen Zwiebeltürmchen mitten im Wald? Wo heute Bäume in die Höhe ragen, existierte bis Mitte des 19. Jahrhunderts eine Siedlung mit dem Namen Straucharting. Es handelte sich um eine sogenannte Schwaige, also einen auf Viehzucht ausgerichteten herrschaftlichen Eigenbetrieb. Erstmals erwähnt wurde sie 1017 in einem Stiftsbuch des Klosters Tegernsee und bestand bis 1856, als sie der letzte Eigentümer an die heutigen Bayerischen Staatsforsten verkaufte. Die Häuser wurden abgebrochen und die Felder aufgeforstet. Eigentlich sollte auch die St.-Anna-Kapelle dieses Schicksal teilen, doch die Pfarrei Sauerlach konnte dies verhindern, indem sie nachwies, dass es sich um eine öffentliche Kirche handle. So steht sie heute noch da und lädt die Waldbesucher ein, an diesem Ort auf einer der zahlreichen Bänke zu verweilen, vielleicht ein wenig zu meditieren, zur Besinnung oder ins Gebet zu kommen. Durch die meist verschlossene Tür ist auch ein Blick ins Innere möglich, insbesondere auf den barocken Hochaltar. Allerdings wird seit einem Einbruch ein Teil der Ausstattung an einem sicheren Ort verwahrt. „In voller Montur" ist die Kirche an ihrem Patrozinium zu sehen, dem 26. Juli. Dann findet traditionell eine Wallfahrt zur St.-Anna-Kapelle statt. Zahlreiche Bittgänger aus den umliegenden Gemeinden treffen sich zu einer Feldmesse mit anschließender Pferdesegnung. Dann erwacht die abgebrochene Schwaige Straucharting für einen Tag wieder zu neuem Leben.

TIPP Von hier lohnt sich ein Fußmarsch nach Lanzenhaar zur St.-Ulrich-Kapelle aus dem 14. Jahrhundert.

 St.-Anna-Kapelle, Straucharting Geräumt, 82054 Sauerlach bei München
 ÖPNV: S3, Haltestelle Sauerlach

Wo einst der Adel jagte

 79 *Der Forstenrieder Park südlich von München*

Satte 37 Quadratkilometer umfasst der Forstenrieder Park, der einst ein Jagdgebiet der Wittelsbacher und des bayerischen Adels war. Zusammen mit den angrenzenden Waldgebieten sind hier über 4900 Hektar Landschaftsschutzgebiet ausgewiesen. Diese riesige Fläche ist in der Vergangenheit nicht unangetastet geblieben. Die Autobahn Richtung Garmisch führt mitten durch den Park, aber das tut der Erholung keinen Abbruch. Zwischen den hohen Bäumen verschwinden störende Geräusche nämlich fast vollständig. Der Park strahlt eine Ruhe aus, die auf den Besucher geradezu überspringt. Hier findet sich ein Ort, der einen völlig umfasst und wieder neu erdet. Eben noch im Großstadtlärm, hört man hier die Vögel wieder zwitschern und vergisst völlig die schwachen Geräusche des umliegenden Verkehrs, die noch in den Wald eindringen. Besonders schön ist der Forstenrieder Park im Herbst, wenn die riesigen Bäume in den schönsten Farben leuchten – in Rot, Grün, Gelb oder Braun. Auch der Herbst kann auf diese Weise richtig bunt sein. Die Weite der Waldwege, die oft schnurgerade durch den Park führen, öffnet den Horizont,

TIPP An mehreren Stellen im Park sind noch alte Hügelgräber nachweisbar.

lässt einen wieder Kraft tanken und am Herzen der Natur horchen. Hier kommen sich auch Mensch und Tier näher. Zunächst beginnt am Parkplatz in Buchenhain ein Wildpark. Wer gut zweieinhalb Kilometer querfeldein läuft oder mit dem Rad fährt, trifft auf einen Punkt, der als Wildaussicht bekannt ist. Hier gibt es keine Zäune und Barrieren, Tier und Mensch begegnen sich unmittelbar. Vor allem frühmorgens oder am Abend lohnt sich ein Besuch mit dem Feldstecher, wenn das Rot-, Dam- oder Schwarzwild die Wege kreuzt. Aber auch Jogger, Radfahrer und manchmal in guten Wintern auch Skilangläufer kommen im Forstenrieder Park auf ihre Kosten. Die Wittelsbacher wussten einst schon ganz genau, warum sie sich gerne hierhin zurückzogen. Heute steht der Park allen Besuchern offen.

○ Forstenrieder Park, Zufahrt über Forststraße, 82065 Baierbrunn
○ ÖPNV: S7, Haltestelle Buchenhain

Vogelkonzert inklusive

 Der Notzinger Weiher im Erdinger Moos

Wer den Notzinger Weiher in vollen Zügen genießen möchte, sollte kein Langschläfer sein. Morgenstund' hat hier wirklich Gold im Mund. Wenn die Badegäste, die den Weiher bei gutem Wetter bevölkern, noch auf ihren Fahrrädern unterwegs sind, hat man die Landschaft fast für sich alleine. Und dafür gibt es zur Belohnung ein kostenloses Konzert, nämlich das der heimischen Vögel. Im Landschaftsschutzgebiet Erdinger Moos sind das sehr viele, und die zwitschern zuweilen so wild durcheinander, dass man schon genau hinhören muss, um einzelne Vogelarten zu erkennen. Eigentlich sind es drei Weiher, die hier direkt nebeneinanderliegen. Zwei von ihnen entstanden in den 1920er-Jahren beim Kiesabbau für den Mittleren Isarkanal. Der Baggersee wurde später durch einen Feldweg für die Bauern in zwei Hälften geteilt. In den 1970er-Jahren kam der Brandlweiher hinzu. Entstanden ist ein Naturparadies, das sich von anderen künstlichen Seen unterscheidet. Die Ufer sind so urwüchsig, dass es viele kleine Plätze zu entdecken gibt, die durch meterhohe Bäume voneinander getrennt sind. Wer nur ein wenig weiterwandert, gewinnt wieder ganz neue optische Eindrücke. Der Weiher sieht an jeder Stelle anders aus, doch überall versprüht er eine ruhige, idyllische Atmosphäre, die einen wieder buchstäblich „erdverbunden" werden lässt. Kleine Treppen oder Handläufe führen in den See und helfen beim Einstieg in das recht warme und ausschließlich durch Grundwasserquellen gespeiste Wasser. Seit Kurzem gibt es hier auch einen Jugendzeltplatz und einen Naturlehrpfad, der Kinder auf spielerische Art die Schönheiten dieses Landschaftsschutzgebiets kennenlernen lässt. Ein Kiosk direkt am Parkplatz sorgt dazu für das leibliche Wohl. Doch am schönsten ist es hier, wenn der Besucherrummel vorüber ist. Im Sonnenlicht spiegeln sich die Äste der hohen Bäume im Wasser, und der Duft der üppigen Pflanzen, beispielsweise Kirschen oder Holunder, liegt in der Luft. Das Glück kann manchmal so nah sein.

TIPP In der Nähe gibt es viele Bauernhöfe, die ihre Produkte in Hofläden anbieten – darunter auch Biohöfe.

Notzinger Weiher, Notzinger Weiher Straße, 85445 Oberding, Ortsteil Notzing
www.notzinger-weiher.de
ÖPNV: S2, Haltestelle Altenerding; Bus 507, 531, Haltestelle Notzing, Römerstraße

Bibliografische Informationen der Deutschen Nationalbibliothek
Die Deutsche Nationalbibliothek verzeichnet diese Publikation in der Deutschen Nationalbibliografie;
detaillierte bibliografische Daten sind im Internet über http://dnb.d-nb.de abrufbar.

© 2021 Droste Verlag GmbH, Düsseldorf
Konzeption/Satz: Droste Verlag, Düsseldorf
Einbandgestaltung und Illustrationen: Britta Rungwerth, Düsseldorf, unter Verwendung von Bildern von
© Fotolia.com: jd – photodesign.de; © iStock: Plociennik Robert
Fotos: Oliver Gierens, außer:

S. 19: Schlaier - Eigenes Werk, CC BY-SA 3.0 (https://commons.wikimedia.org/w/index.php?curid=10804189);
S. 25: ©Milan - stock.adobe.com; S. 37: Richard Bartz - Eigenes Werk, CC BY-SA 2.5, (https://commons. wiki-me-
dia.org/w/index.php?curid=7344409); S. 45: © Aniko –stock.adobe.com; S. 65: © DGGF; S. 75: Oliver Raupach -
Eigenes Werk, CC BY-SA 2.5, (https://commons.wikimedia.org/w/index.php?curid=1938821); S. 77: Rufus46 -
Eigenes Werk, CC BY-SA 3.0 (https://commons.wikimedia.org/w/index.php?curid=69280831); S. 81: Simone
Hörmann; S. 85: Rufus46 - Eigenes Werk, CC BY-SA 3.0 (https://commons.wikimedia.org/w/index.php?curid=
27156310); S. 87: Stemmerhof; S. 95: Stephan Beißner, LMU Klinikum; S. 123: ©franke 182 - stock.adobe.com;
S. 129: Martha Feustel © Bayerische Schlösserverwaltung (www.schloesser.bayern.de); S. 135: GFreihalter -
Eigenes Werk, CC BY-SA 3.0 (https://commons.wikimedia.org/w/index.php?curid=72927050); S. 143: © tahir -
stock.adobe.com; S. 149: © Sabine - stock.adobe.com; S. 155: © luisa fumi –stock.adobe.com; S. 165: OLF

Druck und Bindung: LUC GmbH, Greven
ISBN 978-3-7700-2185-7

www.drosteverlag.de